本科教学工作规程

江西师范大学教学改革探索和实践

（修订版）

张朝光　等　编著

梅国平　张艳国　主审

科学出版社

北京

内 容 简 介

高等教育教学管理特征已从传统的民主化、科学化、规范化，增添了现代的个性化、信息化、精细化，未来的高校管理必将演进到生活化、智能化、便利化时代。江西师范大学从国立中正大学走来，高举人文主义办学旗帜，薪火相传，不懈追求，在2017年教育部审核评估时，被专家组一致推崇为是一所有历史积淀、文化情怀、名校气质的模范大学，其教学管理制度创新成果曾受中国教育电视台、《教育部简报》等多家媒体推介。

本书全面、系统地整合了一所高等学校全部的本科教学管理制度，不仅有利于广大高校师生快速了解学分制教学管理，更有利于高校本科教学的规范管理和提质增效。

图书在版编目（CIP）数据

本科教学工作规程：江西师范大学教学改革探索和实践 / 张朝光等编著.

—北京：科学出版社，2018.2

ISBN 978-7-03-032455-9

I.①本… II.①张… III.①江西师范大学-教学改革-研究 IV.①G658.3

中国版本图书馆CIP数据核字（2018）第029724号

责任编辑：付　艳 / 责任校对：孙婷婷

责任印制：张克忠 / 封面设计：铭轩堂

斜 学 出 版 社 出版

北京东黄城根北街16号

邮政编码：100717

http://www.sciencep.com

新科印刷有限公司印刷

科学出版社发行　各地新华书店经销

*

2018年2月第 一 版　开本：720×1000　1/16

2018年2月第一次印刷　印张：13 3/4　插页：1

字数：290 000

定价：29.00元

（如有印装质量问题，我社负责调换）

"本科教学工作规程" 工作组

组　长　张朝光

副组长　黄友华　许红缨　李平香

组　员（按姓氏笔画排序）

杨　蕾　吴传孙　邹生根　陈春生

陈德强　金绍梅　郑卫平　赵　苗

徐华银　徐志红　黄清明　彭　睿

前 言

　　大学是培养专门人才、发展科学技术文化、促进社会主义现代化建设的学术性组织。江西师范大学作为江西省优先发展的省部共建重点高等学校，一贯秉承探求真理，传播知识，发展科学，为人类和国家做出应有贡献之使命，谨遵"持中秉正、静思笃行"之校训，以育人为天职，肩负培养和提高国民素质、为社会服务的重大责任。

　　育人是学校的中心工作，必须坚持以马克思主义、毛泽东思想、邓小平理论、"三个代表"重要思想、科学发展观和习近平新时代中国特色社会主义思想为指导，全面贯彻党和国家的教育方针，遵循办学规律和人才成长规律，坚持"以生为本，以德为先"，努力建设以学分制运行，校、院两级管理，决策、执行、咨询、监督职能相对分离，师生民主参与的以"学"为中心的本科教学体系。

　　教学是育人的基本途径，具有鲜明的政策性、学术性、复杂性和系统性特点。学校坚持把促进人的全面发展和适应社会发展需求作为衡量人才培养的根本标准，努力满足学生对专业、课程、教师与教法、多样成长和自主发展的理性选择，着力培养学生的学习能力、表达与动手能力、创新创业能力、和谐能力，不断提高教学水平和培养质量。

　　为确保教学在学校工作的中心地位，促进教学工作的规范化、制度化、民主化和科学化，依据《中华人民共和国高等教育法》《中华人民共和国教师法》等有关法规，结合学校实际，特制定本规程。

　　本规程适用于学校全日制普通本科教学工作。

目　录

第一章

人才培养概论

第一节 培养目标规格

一、培养目标规格

学校全面贯彻党和国家的教育方针，坚持以生为本、以德为先，注重培养学生的学习能力、表达与动手能力、创新创业能力、和谐能力，努力造就具有社会责任感、创新精神、专业素养和实践能力的复合型社会中坚人才。

本科毕业生应具有良好的思想政治、道德和身心素质，有较深厚的人文底蕴和较高的科学素养，掌握主修专业的基础知识、基本理论和基本技能，了解本学科发展的动态和相关学科的基本知识，具有较强的学习、分析和解决问题的能力，能开展初步的科学研究和实际应用工作。

各专业人才培养依师范、非师范两类，学术、应用、综合三型组合实施分类分型培养。培养方案编制需从学生和社会需求实际出发，遵循知识传授、能力培养、素质养成三位一体协调发展的要求，设计使学生获得相应知识、能力和素养所需的课程和教学环节，明确知识、能力、素养各要素与相关课程、环节教学目的的对应关系，构建人才培养标准实现矩阵，切实把培养要求具体落实到每门课程和各个教学环节。

二、教师教育特色

教师教育是学校本科人才培养的传统优势。学校坚持教师教育面向专业化、面向现代化、面向基础、面向农村的发展方向，举全校之力，集中力量办好教师教育，使之成为具有鲜明教育特色的学校品牌。

第二节 培养模式

一、学分制

学校本科教学实行学分制分流培养模式。本科第一学年主要进行通识教育和学科基础教育，一年后，在办学条件许可的情况下，依照引导学生自主选择原则实施专业分流。

在校修业年限可延至所在专业标准学制后 2 年。

本科课堂教学原则上每 16 学时计 1 学分（学分最小单位为 1，每学时授课时间为 40 分钟）；公共体育课、个别实验、实训课经教务处批准允许每 32 学时计 1 学分；实践性教学环节，按集中进行的实际周数计，每周计 1 学分。入学教育、毕业教育、军事训练、生产劳动是学生必修环节，不计学分。

文管类学生毕业所需的总学分最低为 150 学分；理工类及特殊专业学生毕业所需的总学分最低为 160 学分。师范类毕业生最低总学分相应增加 10 学分。

学生毕业最低总学分要求按德、智、体、美四块作结构性限定。为鼓励学生勇于创新和增强学生的社会实践能力，特设立"创新研究学分"和"社会实践学分"两类毕业限定学分。"创新研究学分"是指学生参加已获立项的科学研究、学科竞赛获奖、发表学术论文、获国家专利或进行实用新型小发明及小创造等活动获得的相应学分。"社会实践学分"是指学生接触社会、了解国情及省情、服务社会、创业实践等活动获得的相应学分。

学校坚持全面实施素质教育，积极构建有助于学生自主学习和个性发展的课程体系，努力提高学生的人文和科学素养，大力加强学生学习和实践能力、创新和创业精神的培养。本科课程体系由通识教育、专业教育两大模块组成。通识教育主要包括公共必修课和公共选修课；专业教育主要包括学科基础课、专业主干课等专业必修课和专业限选课、专业任选课等专业选修课。各专业必修课学分占总学分比例原则上控制在 70% 左右。

为进一步加强实践教学（特别是专业实习、教育实习、毕业设计／论文等），文管类实践教学学分不低于毕业最低学分的 20%，理工、体艺类不低于毕业最低学分的 25%。

双专业双学位培养实行 2 年标准学制，课程设置主要侧重专业教育，一般只设置专业必修课和必修教学环节。

二、导师制

本科生导师工作实行校、院两级管理体制。教务处是学校管理本科生导师工作的职能部门，主要负责制定有关导师制的规章制度、导师岗位审核与聘任、导师工作考核与评估、优秀导师评选等工作，并与师资管理部门共同负责导师上岗培训工作。各学院是本科生导师制的具体实施单位，承担本科生导师的培养、推荐、日常管理与考核等工作，原则上应分学科类成立导师组，建立导师业务档案。各学院应根据实际情况制定相关实施细则，积极探索，大胆创新，努力建构适合国情、校情和院情的多样化本科生导师工作模式和管理模式。

（一）导师任职资格

热爱教育，热爱学生，师德高尚，热爱本科生导师工作。业务水平高，原则上应具有副高以上职称（或博士学位）。学校鼓励博士生导师、硕士生导师、教学名师等具有较高学术声望的优秀教师积极担任本科生导师。

（二）导师聘任和上岗

导师配备工作由教务处统一布置，各学院具体落实，原则上按照学生推选、学院审核、学校聘任的程序配备。

学院应在入学第一个学期按学科类为新生配备导师，每个导师指导的学生数原则上控制在 3~5 人。

各学院配备导师的名单应报教务处审核备案。

本科生导师一经确定，原则上不得更换。学生因特殊原因要求更换导师的，需经本人申请，相关导师、学院同意后报教务处备案。

（三）导师工作职责

本科生导师应当关心学生的全面发展，努力做学生的人生导师、学业导师和职业生涯导师。导师负责对学生在大学阶段的全程指导，工作重点在于学生专业学习的指导，特别是学习方法、研究方法的指导。具体职责：

关心、了解学生的思想状况，引导学生树立正确的世界观、人生观和价值观，帮助学生正确认识自我，正确认识社会，树立正确的人生目标；言传身教，为人师表，以严谨的治学态度和优良的职业道德影响学生，培养学生良好的品行。

关心学生学业进步，结合学生实际，引导学生明确学习目的和成才目标，端正专业思想和学习态度，促进学生德、智、体、美等各方面的全面协调发展。

帮助一年级新生尽快适应大学生活，了解大学学习的基本特点，掌握大学学习方法；做好学生的专业教育工作，做学生的专业引路人。

帮助学生适应学分制的学习要求，制定学习和发展计划，指导学生根据自己的学习基础、兴趣、特长选择专业发展方向和学习的课程，确立个性化课程菜单；对学生辅修第二专业、报考研究生等方面给予建议和指导，帮助学生制定适合个人实际的职业发展规划。

鼓励和引导高年级学生进行研究性学习，指导学生参与课题研究、参加课外科技竞赛、阅读专业书籍、撰写专业论文等，培养学生的专业兴趣、科学精神、科研能力和创新精神。

指导学生合理安排大学生活，帮助学生正确处理学习、社会活动及其他活动之间的关系，正确面对困难、压力和挫折；帮助学生就业并顺利走向社会。

（四）导师工作要求

导师指导主要采取个别指导与集体指导相结合方式，以个别指导为主。具体工作要求：

导师既要因材施教，根据不同学生的特点进行个别指导，又要努力探索指导学生的一般规律，提高工作的针对性和实效性。对学生既要提出要求，又要提出建议，给予指导和帮助。

导师在每学期开学初必须与学生见面，并保持一定频度的接触，每月与被指导的学生面谈或集体指导应不少于 2 次，每学期参加学生集体活动或面向所指导学生开设讲座不少于 1 次。

导师应认真履行对学生的操行评价职责，按时认真填写"导师工作手册"。

导师应加强与辅导员、任课教师沟通，相互了解、交流、研究学生的思想、学习状况，共同做好学生的教育管理工作。

（五）导师工作考核

导师工作考核每年进行一次，由学校统一组织，各学院具体负责实施。具体考核办法由教务处制定，考核结果分优秀、良好、合格、不合格四个等级。考核结果应作为教师专业技术职务晋升和岗位聘任的重要依据。导师工作考核不合格的教师，取消其担任本科生导师的资格，当年年度考核视为不合格。

导师工作报酬纳入学校教学工作量核算。

学校定期对表现突出的优秀导师予以表彰和奖励，授予"本科生优秀导师"称号，授予比例原则上不超过导师总数的 10%。优秀导师享受同级优秀教师的荣誉和待遇。

学生有接受导师指导的义务。学生应尊重导师，主动寻求导师的指导和帮助，定期向导师汇报学习等情况，虚心听取导师的指导意见，积极参加导师安排的各项活动，客观、公正地对导师的各项工作进行评议。

第三节　创新创业教育

一、强化创新创业意识

加强学生创新创业教育工作是新形势下高等学校建设和发展面临的十分重要而紧迫的任务。高校毕业生的创新创业能力将成为就业的重要条件，自主创业将成为就业的重要形式，职业技能将成为就业竞争的核心要素。创新教育、创业教育和技能培训三位一体的就业指导体系，是构建就业与创业教育系统工程，教学工作要全面强化学生创新精神，提高学生创业能力和职业技能，提升学生就业竞争力。

二、充分发挥"三个课堂"作用

以培育创新创业文化为引领，坚持创新创业教育面向全体学生、全体教师参与和融入人才培养全过程，通过校内外"三个课堂"联动，厚植创新创业"德、才、勇"三大基因，着力增强学生的创新精神、创业意识和创新创业能力。进一步完善"正大学子"拔尖创新人才培养机制，重点加强人才协同培养。进一步强化创新能力培养，鼓励高水平教师吸收优秀本科生进科研团队，鼓励学生参与课外科技竞赛、社会实践及创新创业活动，着力提高本科生参与科研的比例和受益面。

第二章

教学工作管理体制与运行机制

第一节 学校教学工作管理体制

一、校、院两级管理体制

学校教学工作在校长领导、分管教学副校长具体负责下进行，实行校、院两级职能型管理体制。其组织结构图示如图 1-1 所示。

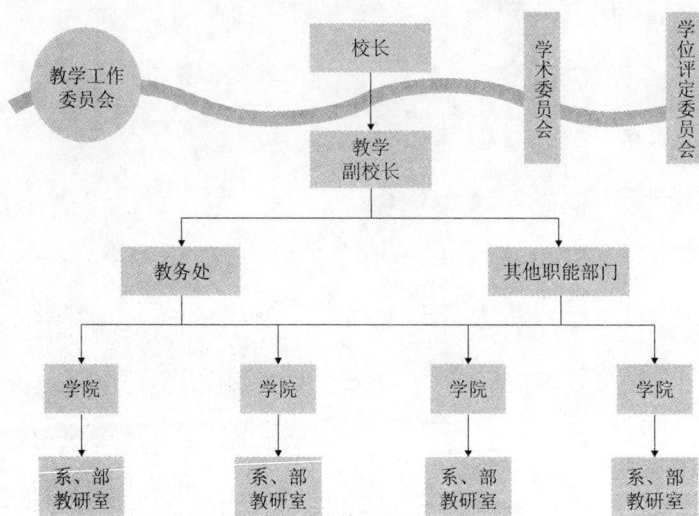

图 1-1 组织结构图

二、学校教学管理职能

学校主要负责教学宏观管理工作，以及必须由全校统一管理的教学工作。学校教学工作职能主要通过学术委员会、学位评定委员会、教学工作委员会及教务处等教学管理职能部门具体履行。主要职能：

1）制定学校本科专业建设规划，审核本科专业设置。

2）确立本科人才培养模式，审定各专业本科人才培养方案。

3）筹措和分配教学经费，制定教学经费使用办法，并按规定对教学经费进行审计。

4）统筹实验室仪器设备建设。

5）统一调配和管理公共教学资源。

6）编制年度招生计划。

7）制定学校师资队伍建设规划。

8）制定教学人员引进标准和教学岗位聘用标准，评聘教学岗位人员。

9）制定课程建设规划，审批本科课程设置。

10）审核跨学院任课教师的课程任课资格。

11）依据本科人才培养方案组织选课、排课、考试、实践教学等教学管理工作。

12）管理学生学籍，组织毕业、学士学位审核。

13）组织课程、专业、教研室、学院教学工作等专项教学评估。

14）推荐或评定教学成果奖、教学质量奖和教学名师奖等各级教学奖励。

15）组织教学研究，管理教研、教改课题。

16）认定和处理教学事故。

17）组织教学检查和督导。

18）制定教学工作量核算办法并完成年度教学工作量核算。

19）组织学生学业、操行及各类学生课外科技奖励评定。

20）学校认为应当统一管理的其他教学工作。

三、学术委员会

学校学术委员会是教授参与学校教学管理的民主决策机构。凡教学工作中具有鲜明学术特征的重大事务，应提交学校学术委员会研究决定。学校学术委员会每学年应至少召开一次会议，专题研究教学工作。

下列教学事务，一般应由校学术委员会审定：

1）本科人才培养方案。

2）师资队伍建设规划。

3）教授、副教授岗位标准和聘用。

4）专业建设规划。

5）专业设置。

6）课程建设规划。

7）重大教学成果和教研成果。

8）学院教学工作水平评估方案和标准。

9）教学工作中的其他重大学术性事务。

四、学位评定委员会

学校学位评定委员会是负责全校学位评定与授予工作的决策机构。

学位评定委员会的本科教学工作职能：审查授予学士学位人员名单，并做出授予学士学位的决定；做出撤销违反规定而授予学位的决定；研究和处理学位授予中有争议的问题和其他与学位评定有关的事宜。

五、教学工作委员会

教学工作委员会是全校教学工作咨询、评议机构。教学工作委员会由学校相关领导、各教学单位主管教学工作负责人和相关职能部门主要负责人组成。学校教学工作委员会下设秘书处，挂靠教务处。学校教学工作委员会主任委员由校长兼任，副主任委员由主管教学和学生工作的副校长兼任，秘书长由教务处处长兼任。学校教学工作委员会委员实行任期制，每届任期三年，可以连任。根据实际情况和工作需要，学校教学工作委员会可在任期中进行调整。

学校教学工作委员会下设通识暨创新创业教育委员会、教育教学评估委员会、课程与教材建设委员会等专门委员会。各专门委员会委员由在相关方面有较出色研究或实践成果的专家学者担任。专门委员会主任委员、副主任委员和委员由秘书长根据学校教学工作委员会委员的推荐和实际情况提出建议，经学校教学工作委员会主任委员同意后，报学校教学工作委员会会议审定。根据工作需要，学校教学工作委员会可以成立临时性工作小组，工作小组成员由秘书长提出建议，报学校教学工作委员会主任审定。

学校教学工作委员会实行例会制度，定期研究工作，通报情况。学校教学工作委员会每学年至少召开一次全体会议，会议召开时间和议题由主任委员决定。根据工作需要，学校教学工作委员会可召开扩大会议，扩大的范围由秘书长提出建议，主任委员确定。专门委员会按工作需要召开会议，原则上每学年至少召开一次专门会议。

学校教学工作委员会会议由主任委员主持，受主任委员的委托，也可由副主任委员主持。学校教学工作委员会实行民主集中制，重大事项实行表决制。学校教学工作委员会召开会议，必须有 2/3 以上委员出席方为有效。对有关事项的表决，采用无记名投票方式，赞成票需达到全体委员的 1/2 以上方为通过。

学校教学工作委员会委员应认真履行职责，对教学工作进行调研，每学年至少提出一条关于学校教育教学改革或改进学校教学工作的建设性意见、建议。各教学单位的委员应根据学校的要求负责落实好本单位的教学工作，实施好所在学院的本科生导师制工作。

学校教学工作委员会秘书处负责收集、整理委员的建议和议题，向主任委员、副主任委员提出学校教学工作委员会会议议题。秘书处负责编印和存档会议纪要。

学校教学工作委员会应依据学校发展规划，及时审议学校教育事业发展规划、教学建设规划。以下重大教学事项，一般应先由教学工作委员会评议，提出意见和建议后，再提交学校决策：教学规章制度；教学资源的配置原则与方案；人才培养方案；年度分学科类（专业）招生计划；公共必修、学科基础、专业主干及教师教育通识必修类课程教材的选用；学士学位授予条件；专业建设规划及专业设置、调整；课程建设规划及精品课程建设方案；质量工程建设项目校级立项和省级、国家级项目申报；本科生导师制工作；校级教研课题立项与省级、国家级教研课题申报；校级教学成果奖的评审与省级、国家级教学成果奖的申报；专业建设评估、课程建设评估、学院教学工作水平评估的指标体系、实施方案及评估结论；教学事故的处理；重大教学事故的申诉及裁定、教学工作中存在重大争议事项的评议；完成学校认为应当由学校教学工作委员会咨询、评议的其他重大教学事项（详见**附件1"江西师范大学教学工作委员会章程"**）。

六、教务处

教务处是学校教学管理工作执行机构，在校党委、校长和分管校长领导下，统一组织协调全校教学工作，按照学校有关教学工作决策或决定，督促、检查各学院教学工作，并如实向决策机构反馈学校决策、决定的执行情况。同时，教务处还是学校教学工作的重要参谋机构，应积极主动地为学校教学工作建言献策。

教务处主要职能：编制教学工作规程；编制全校教学经费预算；编制全校年度招生计划；负责专业、课程、教材、教学信息化等本科教学基础建设工作的日常管理；组织实施全校性统一选课、排课、考试、学习指导和教学实习、实训、学生课外科技活动等教学活动；负责学生学籍、学业成绩管理及毕业审核、学位审核；负责教研、教改项目日常管理；开展教育教学调研、宣传和校际交流；完成其他应由教务处承担的校级教学管理职能。

七、人事处（师资培训中心）

人事处是统筹学校人事管理的职能部门。其主要教学工作职能：结合学校教学工作需要，制定师资培养计划；制定各学院、各岗位进人标准；编制各年度用人计划；组织评聘、考核各级各类岗位工作人员；牵头制定有利于充分调动一线教师教学工作积极性的教师考核和分配制度；牵头制订全校师资队伍建设规划；会同各教学单位组织实施学校年度师资培训工作；负责制订、实施学校师资培养工作的各项管理规章制度；负责学校教师在职攻读学位、国内外访学、培训、进修、学术交流、研讨会等继续教育管理工作；负责校师资专项经费的使用、审批和管理；负责对新进教师的岗前培训，组织开展教师现代教育技术、外语等校内培训，会同有关部门开展"双语教学"工作；组织校本部高等学校教师资格认证工作；组织开展学校学科带头人和中青年骨干教师及教师部分奖项的申报、推荐和管理工作；负责审定学校外聘教师、兼职教授；完成其他与教学相关的人事工作。

八、财务处

财务处是统筹学校财务管理的职能部门。其主要教学工作职能：按照国家有关文件要求，筹措和落实本科教学各项经费；审核全校教学经费预算；配合相关部门制定本科各项教学经费管理和使用办法；做好本科教学各项收费项目和标准的申报、审批工作；协调做好学生缴费工作；完成其他与教学相关的财务工作。

九、资产处（实验室建设与管理中心）

资产处是统筹学校教学仪器设备采购、使用及管理工作和实验教学管理的职能部门。其主要教学工作职能：制定全校各级各类教学实验室建设规划；制定实验室工作的各项规章制度，并监督执行；提出各年度仪器设备费和实验室建设改造经费分配方案；参与制定全校实验教学改革方案；检查、监督培养方案中实验教学的执行情况；负责全校教学仪器设备等物资的招标、采购供应、维护、保养和维修工作；完成其他与教学仪器设备采购和管理相关的工作。

十、大学生文化素质教育基地管理办公室

大学生文化素质教育基地管理办公室负责统筹管理全校大学生素质拓展教育工作。其主要教学工作职能：组织开展大学生素质拓展教育项目研究；参与协调学生课外科技、文化活动的组织管理；指导学生开展"第二课堂"活动；组织"第二课堂"学分认定工作。

十一、学生处

学生处是学校统筹管理学生思想政治工作和学生生活事务的职能部门。其主要教学工作职能：统筹管理学生思想政治教育工作；拟定学生管理工作制度，促进学习规范化；组织全校性学生奖惩评定，抓好学风建设；开展学生心理健康教育和咨询服务；负责学生公寓的秩序管理、寝室文化建设；协调有关部门做好学生的安全稳定工作，确保教学顺利进行；完成其他与教学相关的学生工作。

十二、后勤保障处

后勤保障处统管全校教学后勤保障工作。其主要保障教学工作职能：统筹管理

全校教学场所（设施）和教学办公场所（设施）物业管理，保障教学场所（设施）和教学办公场所（设施）的整洁；保障教学场所（设施）和教学办公场所（设施）正常用水用电；提供全校师生正常教学工作所需的交通设施、保证师生按时到校上课；根据教学需要，定期制定教学场馆的改造、维修计划；负责全校教学场馆（设施）的日常维护和检修，确保师生使用安全。

第二节　教学工作领导职责

一、校长

校长是学校教学工作的第一责任人，全面主持学校教学工作。主要职责：认真贯彻党和国家的教育方针及有关教育教学方面的政策、法规，执行上级教育行政部门的指示和决定，督促、检查校内各单位、各部门执行学校有关教学工作的各项决策的执行情况；组织建立健全学校教学工作体系、工作规程，确保教学在学校各项工作中的中心地位；主持校长办公会，研究本科教学工作；每学期至少主持召开一次专题会议研究本科教学工作；筹措和落实本科教学经费，科学配置本科教学资源；领导学校师资、专业、课程、实验室、实践教学基地、图书资料等专项建设规划的制定工作；深入教育教学第一线，了解、检查教师教学和学生学习的情况，定期征询和听取师生员工对教学工作的意见和建议。

二、分管教学工作副校长

学校应有一名副校长专门协助校长分管全校教学工作。分管教学工作的副校长是学校教学工作的直接责任人，在校长领导下主持学校教学日常工作。主要职责：协助校长建立健全学校教学工作体系、工作规程，保障教学运行秩序，全面完成教学任务，保证教学质量的稳定和提高；协助校长领导学校师资、专业、课程、教材、实验室、实践教学基地、图书资料等教学基本建设工作；协助校长制定各项教学资源配置方案；主持制定学校教学工作计划，做好教学工作计划的布置、检查、落实工作及年度教学工作总结；领导学校教学评估和教学质量建设；领导全校教学研究和教学改革工作；深入教育教学第一线，了解、检查教师教学和学生学习的情况，定期征询和听取师生员工对教学工作的意见和建议；主持有关教育教学工作会议；完成校长交办的其他工作。

其他副校长根据校领导行政分工安排，围绕学校中心工作分管并承担负责范围内相应的教学工作职责，齐心协力，做好全校教学工作的资源配置、保障和相关管理工作，确保教学工作中心落实到位，协助校长抓好本科教学工作。

三、教务处处长

教务处处长主持教务处全面工作，协助分管教学工作的副校长做好教学日常管理工作。主要职责：协助教学副校长制定学校教学工作计划，做好教学工作总结；组织制订专业建设规划、课程建设规划、专业培养方案、课程大纲、各教学环节质量评定标准等教学管理文件；组织开展学校专业建设、课程建设、教材建设等教学基本建设；组织开展日常教学检查评估工作，总结和推广教学工作经验；组织全校教学研究和教学改革工作，提出教学改革和提高教学质量的措施和意见；组织协调全处的工作，定期主持召开处务会议，研究教学工作，贯彻落实上级和学校的有关决定，对下级的请示报告或意见予以及时处理，对重大问题及时向校领导报告并提出拟办意见或建议；定期与副处长研究工作，统一认识，做到团结合作，带领全处的同志切实改进工作方法，提高工作效率，为师生服务；拟定教学业务经费的预算，审批处内所有经费支付；做好全处人员的思想工作，努力提高全处同志的管理及研究水平，关心他们的工作和生活；深入教育教学第一线，了解、检查教师教学和学生学习的情况，定期征询和听取师生员工对教学工作的意见和建议，总结经验教训，提高管理水平；完成校领导交办的其他工作。

四、教务处副处长

主要职责：协助教务处处长做好分管的各项工作；协助处长对分管科室进行业务指导，定期开展工作检查和工作考核；深入调查研究，倾听教学第一线的意见，对分管工作进行认真总结，提出决策意见、提出改革建议；做好分管工作的年度计划、实施及总结工作；完成处长交办的其他工作。

五、学院院长

院长是学院教学工作的第一责任人。主要职责：主持党政联席会议，研究教学工作，其中每学期至少主持召开2次专题研究教学工作的党政联席会议；主持制定学院师资队伍建设规划；主持制定学院专业建设规划和各专业建设方案；主持专业申报工作；主持制定各专业人才培养方案和课程大纲；主持制定学院课程建设规划；组织学院教师晋升专业技术职务的申报、院内评审和岗位审核工作；完成需要院长协调的其他教学工作。

六、学院分管教学工作副院长

学院应有一名副院长协助院长专门分管学院教学工作，分管教学副院长是学院教学工作的直接责任人，在院长领导下主持学院教学日常工作。主要职责：协助院长组织制订学院各专业的人才培养方案、课程大纲；组织落实学校下达的教学任务，审定开课教师名单，督促、检查新开课教师的试讲，督促、检查教学环节的落实和教师工作规范执行情况；组织本科专业建设与申报工作；组织开展课程建设日常管理工作，负责试题（卷）库建设及试卷的审核、评阅工作；组织教学研究和改革工作，督促、检查教研室工作，组织全院教学改革或教学经验交流活动；负责安排教学人员进修活动、业务考核工作，参与对教学人员的调配、晋级、奖惩、教学工作量审核等工作的讨论，并提出具体意见；组织教师积极开展教书育人活动，督促、检查青年教师导师制的执行情况；组织学院教学工作期中检查、年终教学质量评估及各种教学质量和水平评估工作；组织教材选用、建设及评优等工作；组织制定教学实习、实验计划，组织开展校内外学生实习基地建设工作；审定教学实习、实验内容和有关技术文件；组织本科生毕业设计（论文）相关工作；负责学生毕业资格、学位评定的学院审核工作；负责教师业务档案的建立和管理工作；完成院长和上级主管部门交办的其他工作。

其他副院长根据院领导行政分工安排，围绕学校中心工作分管并承担负责范围内相应的教学工作职责，齐心协力，做好全院教学相关管理工作，协助院长抓好教学工作，确保教学工作中心落实到位。

七、学院教学秘书

教学秘书在学院分管教学副院长领导下开展工作，业务上接受教务处指导。主要工作职责：协助领导做好专业建设工作；协助领导组织制定（修订）、执行人才培养方案；具体协调各系、教研室和相关师生落实每学期教学任务；协助做好选课、排课工作；协助领导组织好教学检查，接受师生关于教学工作意见反馈，定期了解各门课程的教学进度，并及时将教学中存在的问题反馈有关教师、院（系）负责人或教务处；办理课程教学的调整、变动及记载工作，根据教学管理科的调停课通知及时通知有关教师和学生；协调课程考核安排、试卷交接保管、学生成绩登录核查、教师试卷分析归档及考试总结等工作；协助系、教研室做好各门课程大纲、题库、试卷库及教师任课资格等课程建设工作；协助教研室组织好教学研究和教学评价活动，并做好活动记录；协助学院领导制定毕业设计（论文）、实习计划，联系实习基地，做好安排、检查工作；协助办理学生学历电子注册、毕业生图像采集、学籍异动、成绩管理等工作；根据有关规定预审毕业、授予学十学位和结业的学生名单；协助分管领导、教研室、师生做好教材订购、领用及教材研究等教材建设工作，及时将有关材料进行收集、统计和上报；协助做好教师教学质量评价工作；做好师资资源库的建设工作，及时上报变动情况；做好各类教学文件的收集、整理、建档、存档等工作；按时参加由教务处组织的业务活动；完成领导交办的其他教学管理工作。

第三节　学院教学管理机构和职能

一、学院教学管理职能

学院全面负责本单位教学管理工作。学院教学管理职能主要通过学院学术委员会分会、学院教学工作委员会、学位评定委员会分会、院教务办公室具体履行，并按照学院行政领导体制予以落实。其中，由学院自主行使的教学管理职能主要有：根据学校师资队伍建设规划，决定学院师资队伍建设计划；根据学校进人标准和岗位标准推荐人员评聘；根据学校本科教学经费管理办法，决定使用学院教学经费；管理、使用学院专用教学资源；根据学校制定本科人才培养方案指导意见和总体框架，拟定各专业人才培养方案；根据学校专业建设规划和专业建设标准，开展专业建设；根据学校课程建设规划和课程建设标准，开展课程建设；审定学院教师担任本院所属课程的任课资格；根据学生预选结果，决定开课计划和课程任课教师；开展课程教学内容、方法和手段的改革；组织课程的命题、阅卷和考核；审定选修课程（公选课除外）的教材；开展实验、实训室和实践教学基地建设；组织见习、毕业实习、毕业设计（论文）等实践教学环节教学；确定学系、教研室的设置、变更和撤销；承担未明确规定由校级统一行使的其他所有教学管理职能。

二、学院教学工作委员会

普通本科学院一般应设立教学工作委员会分会、学术委员会分会或学术小组、学院教学工作委员会、学位评定委员会分会（根据校、院两级管理体制要求，上述机构及其职能也可以合而为一），作为学院教学工作研究、咨询、评议和监督反馈机构。凡学院教学工作中的学术性事务，一般都需经上述机构评议后，方可做出决定。

以下教学工作事项，决策前必须进行审议：教学经费年度预决算；师资、专业、课程、教材等建设规划；人才培养方案草案；教师任课资格方案；专业核心课程的课程大纲；课程的教材选用；学系、教研室的设置、变更和撤销；教师教学奖励分配方案；完成学院认为应当审议的其他事项。

三、学院教务办公室

学院教务办公室（正科级）在教学副院长指导下工作，负责统一协调全院教学工作，执行学校和学院教学工作的有关决定。学院教务办公室设主任（或副主任）1人，规模较大的学院可另设教学秘书1人。

四、系的设置

学院可依据学院学科专业建设需要，自主设立系级学术组织，组织教学人员从事教学、科研和社会服务工作。系不是一级行政组织，不承担行政管理职能。

系一般设立主任一名。学院设立、变更、撤销系时应报教务处、人事处备案。

五、系的教学工作

系的主要教学职能是开展专业建设。具体职能：提出专业建设规划；提出专业人才培养方案草案；组织开展专业建设工作；统筹管理本专业专用教学设备；提出本专业专任教师培养培训计划；完成其他专业建设相关事项。

六、教研室性质

教研室是按照学科、专业或课程设置的基层教学、科研组织，具体负责组织教师开展教学、教研和师资培养工作。

七、教研室基本任务

根据学生选课结果，组织落实课程教学各环节（实验、实习、社会实践、毕业设计等）的教学任务。组织教师编写课程大纲、实验大纲、教材、讲义、实习指导书和教学参考资料等教学资料。依据课程大纲，建立适合有关课程的课堂讲授、课堂讨论、辅导、答疑、实验、实习、作业、自习、考试等各个教学环节质量标准和规范性要求。提出本教研室所属课程的教材或教学参考资料选用意见。编制课程考核的题目及评分标准，组织考试、考查、阅卷及评分工作，开展考试科学化的研究。制定课程建设规划和实施方案，开展课程体系改革和教学内容、教学方法、教学手段改革等课程建设活动。组织检查教师的备课、上课、辅导、作业批改、授课计划执行等教学工作，定期开展教学工作同行评议。定期组织公开课、观摩教学、相互听课、评教评学等教学研究和教学交流活动，不断更新教育观念，总结交流教学经验，提高教学水平。通过检查学生学习情况、召集学生代表座谈会等活动，主动听取、收集学生意见，不断改革教学工作。根据校、院师资培养规划，拟定本教研室教师和教辅人员的培养计划和进修计划；根据本室工作需要和教师的特点，明确各教师的具体业务要求和学术主攻方向。建立青年教师导师制，充分发挥老教师和骨干教师的传、帮、带作用，帮助青年教师健康成长。搞好所属实验室、资料室的建设和管理。搞好课程、教学研究等教学文档建设。完成其他与课程教学有关的事项。

八、教研室的设立、变更或撤销

教研室的设立、变更或撤销须经学院教学工作委员会审议后，由学院党政联席会议决定，并报教务处、人事处备案。

九、教研室人员组成

教研室至少由 5 名以上教师组成。全校每位任课教师、外聘教师、实验技术人员都要编入相应的教研室，参加教研活动。教研室设主任 1 名，必要时可设副主任 1 名。

十、教研室主任职责与权利

教研室主任职责：负责教研室全面工作，制定本教研室发展规划和年度工作计划、各种规章制度，并负责检查和总结执行情况。组织本教研室各项教学、教研和师资培训工作。组织召开教研室会议。负责检查教师的备课、讲课、辅导、实验、教学进度和教学效果；审批试题、参考答案和评分标准；抽查考卷、学生作业、掌握教师评分和学生学习情况。组织教师听课、教学观摩及教学经验交流等活动。教研室主任每学期听课不少于 4 节。协助做好教师的思想政治教育和师德师风建设工作。完成学院党政安排的其他工作。

教研室主任权利：享受减免工作量或相关津贴等待遇；参与专业建设、课程建设的讨论、筹划、实施工作；优先享有参加有关的学术会议、教学研讨会和机关单位协作会议的权利；对教研室人员的定编、定岗、评优、晋级、提职、聘任、调入、调出有建议权和初审权；学校和学院授予的其他权利。

十一、教研室工作制度

1. 公议制度

每两周至少进行一次教学研究活动，有计划地开展教育科学理论研究、教学内容方法手段改革研究和教书育人经验交流。

2. 集体备课制度

通过组织教师集体备课，明确本课程在培养方案中的地位、任务和作用，研究教学内容和教学方法，提出加强学生能力培养、提高教学质量的主要指标和措施。

3. 教学检查制度

开学前，要按照教学工作常规，检查开课准备工作情况，认真安排本教研室教学活动；期中要检查教学进度完成情况；每学期组织本室全体教师至少相互听课一次。通过日常检查形成本教研室教师的课堂教学质量评价意见。

4.民主生活制度

教研室应建立和健全民主生活制度，定期召开民主生活会。教研室主任要充分发扬民主，尊重教师的民主权利，鼓励教师对教研室工作提出合理化建议。在制定教研室工作计划、方案重大问题决策时，应主动征求教师的意见，教师应认真行使自己的民主监督权力，共同搞好教研室的建设。

5.计划和总结汇报制度

每学期初，教研室主任要制订出教研室工作计划，教师个人要制定个人教学工作计划。每学期末，教研室要召开总结大会，总结一学期工作。教师个人总结和教研室主任工作总结均应存档。其中，教研室主任工作总结还应以书面形式向教学副院长汇报。

第四节　教学资源配置与管理机制

一、本科教学资源类别

本科教学资源是指学校直接用于本科教学的人力、财力、物力等的总称。学校本科教学资源可分为三类。

第一，本科教学人力资源。主要包括专任教师的质与量及学生的质与量。

第二，本科教学经费资源。主要包括本科日常教学经费、本科教学建设专项经费、本科教学工作量津贴和教学仪器设备购置费四项。本科日常教学经费主要用于本专科业务、教学差旅、体育维持和教学仪器设备维修等。本科教学建设专项经费主要用于专业、课程、学生课外科技及全校性主要实践环节的建设和奖励。本科教学工作量津贴主要用于教师工资外教学津贴和奖励。教学仪器设备购置费主要用于本科教学实验室和公共教学设备的添置与更新。

第三，本科教学物力资源。主要指学校专用于本科教学的教学场馆、仪器设备等固定资产。

二、本科教学资源优先配置原则

坚持科学发展，按照教学供需要求，优先向一线教学工作倾斜。学校人员定编定岗优先保证专任教师岗位需求。学校人员的绩效考核与津贴以调动教师从事高质量的本科教学为导向。确保生均本科日常教学经费不低于总经费的25%，教学经费总量逐年有所增长。确保生均教学仪器设备总值和生均图书拥有量逐年有所增长。学校固定资产配置优先考虑本科教学工作需要。

三、本科教学资源配置方式

师资定编定岗。由人事处、教务处根据各单位所承担的教学、科研等工作任务合理核定各单位人员岗位编制，经校教学工作委员会评议后，报校长办公会审定。

招生计划。由教务处、招生就业处根据学校学科专业建设规划、各专业办学条件、学生分流意向、就业率、报考率等因素编制各年度招生计划草案，经校教学工作委员会评议后，报校长办公会审定。

课程教学。依据专业培养方案及选课程序，通过教师挂牌学生选课办法进行。

本科日常教学经费。由教务处根据各学院所承担的本科教学工作量、学科属性、学生报考率、毕业生就业率等因素综合测算，提出分配方案，经校教学工作委员会评议后，报校长办公会审定。

本科教学建设专项经费。根据各专项经费的具体用途和管理办法，由学校以项目制形式统一管理，封闭运行，专款专用。

本科教学工作量津贴。包括课时津贴和绩效津贴。课时津贴由教务处、人事处根据各单位（或个人）所承担的本科教学工作量进行核算，核算公式为：课时津贴＝课时数 × 单位课时津贴标准。绩效津贴按学校本科教学质量奖评选奖励办法进行核算。

教学仪器设备购置费。由资产处、教务处根据各单位教学仪器需求情况编制设备购置五年计划，经教学工作委员会审议后，提交校长办公会研究决定，然后分年度执行。

教学固定资产。由校办、资产处、教务处根据各单位教学固定资产余缺状况提出调整方案，报校长办公会审定。其他教学资源配置管理办法另行制定。

四、本科教学资源的开放与合作

学校坚持开放办学，鼓励开展各种形式的国内外合作办学。合作办学坚持人才培养为先、质量至上的原则。

合作办学协议必须经双方业务主管部门审核。江西师范大学一方教学业务主管部门为教务处。

合作办学过程中，对学生学业的修习、认定等业务事项，除协议特别说明外，在江西师范大学一方遵本规程操作，在合作方一般遵合作方规程操作。

第三章

学生修业与学籍管理

第一节　入学、缴费和注册

一、入学手续

按国家招生规定录取的新生，持录取通知书，按学校有关要求和规定的期限到校办理入学手续。因故不能按期入学者，应事先以书面形式并附原单位或所在街道、乡镇证明向校招生办公室请假。请假时间一般不能超过两周。未请假或请假逾期者，除因不可抗力等正当事由外，视为放弃入学资格。

二、入学资格审查

新生报到时经学校初步审查合格的，可办理入学手续，即获得学籍；审查发现新生的录取通知、考生信息等证明材料，与本人实际情况不符，或者有其他违反国家招生考试规定情形的，取消入学资格。

新生入学后3个月内，学校按照国家招生规定、体检标准进行复查。复查不合格者，学校区别情况予以处理，直至取消其学籍。

凡属弄虚作假、徇私舞弊取得学籍的，一经查实，即取消其学籍。情节严重的，移交有关部门调查处理。

新生进行体检复查患有疾病的，经学校指定的二级甲等以上医院诊断，不宜在校学习，认为经过短期治疗可达到健康标准的，由本人或法定监护人署名提出申请，并附相关证明材料，报招生就业处审核，主管校长批准后，可保留入学资格一年，离校回家治疗。保留入学资格期间，学生不具有学籍，不享受在校生的一切待遇。

保留入学资格者应在批准之日起7日内离校。

在保留入学资格期内，经治疗康复者，应在下一年新生入学时向学校招生就业处申请入学，由学校指定的二级甲等以上医院诊断，符合体检要求，经学校复查合格后，重新办理入学手续。复查不合格的，取消入学资格；逾期不办理入学手续且没有不可抗力等正当理由的，视为放弃入学资格。

三、缴费

缴费是学生取得学籍的必要条件。学生应按国家有关规定，向学校财务部门足额缴纳学费和其他应缴费用之后，方可办理注册手续。

家庭经济困难不能按时足额缴纳学费的学生，在出具有效证明的前提下，可按学校规定办理有关手续并经批准后办理注册手续或申请办理休学手续。

四、注册

学籍注册（以下简称注册）是学生维持学籍的必要环节，分为入学注册和学期注册两种。

入学注册是按国家招生规定录取的新生持录取通知书根据学校有关要求和规定经入学报到、资格复查合格后取得学籍的一种手续；新生的入学报到时间在录取通知书上予以注明。

学期注册是在籍学生按学校有关要求在规定的期限内进行学期登记以维持学籍的一种手续。在籍学生各学期的报到注册时间在学校教学周历表上予以注明。学生应在学校规定的报到注册期内，到学院办公室办理注册手续。在规定报到注册期之外的学生注册及其他与学籍注册相关的特殊事务，学生必须到教务处办理。在籍学生不能按期注册者，应当以信函的形式向所在学院请假。请假 1 周以内（含 1 周）由学院批准；请假达 1 周以上者，学院审核并提出意见，报学校教务处批准。

符合注册管理规定并办理注册的学生，获得江西师范大学学籍，享有在籍学生各项权利和学校规定的各种待遇。不符合学校注册管理规定或未按规定及时办理注册的学生，不具有江西师范大学学籍，不享有在籍学生各项权利和学校在校生待遇。

学生注册后应如实向学校填报个人自然状况信息。相关信息发生变化时，学生应及时到教务处进行信息更改。对因个人信息申报、填写、核实不准确可能引起的一切后果，由学生本人承担。

五、免予注册

已拥有江西师范大学学籍的学生，有下列情况之一的，可保留江西师范大学学籍，免予办理学期注册手续：①在休学期间。②应征参加中国人民解放军（含中国人民武装警察部队）保留学籍期间。③经批准跨学期校际交流学习保留学籍期间。上述情况期满后，学生应按规定办理复学手续。

六、不予注册

未按时到校且未履行请假手续的。未按时缴纳学费且未按学校有关规定办理贷、借款手续的。休学期满，在学校规定期限内未提出复学申请或者申请复学经审查不合格的。各种原因保留学籍期满，未按时办理复学手续的。

七、未注册处理

应当注册的学生，无故超过学校规定期限 2 周未申请办理注册的学生，视为放弃入学资格或学籍，作退学处理。对学生的退学处理，按学校规定的程序办理。学生对退学处理有异议的，参照《江西师范大学学生申诉管理办法》申诉并按申诉处理结果处理。

未注册的学生，其当学期所选课程（包括由选课系统自动为学生预置的相关课程）无效，学生不得参加课程考核，学校不予记载课程成绩；不能参加辅修学习；限制其校园卡使用权限，不准使用教学及教辅（如图书馆、实验室、运动场馆等）资源；不能享受公费医疗；不能领取就业协议书等。

未注册的学生，在学校规定时间内经批准可补办注册手续，但其在籍权利从注册之日起恢复，不能追溯注册以前未享有的任何权利，因学生个人原因未办理注册而造成的一切损失，由其本人承担。

第二节　课程修习与考核

一、选课

选课是指学生在导师的指导下，依照专业培养方案、个人兴趣爱好及选课规程的要求，自主参与选择课程的过程。学生课程学习必须通过选课修读，否则无法登记成绩。

课程分必修课和选修课两大类。必修课主要包括公共必修课、学科基础课、专业主干课三类；选修课包括专业限选课、专业任选课和公共选修课三类。学生选课时主要选择选修课。

选课分预选、正选和补退选三个阶段。预选阶段，学校先对学生的必修课在选课系统里进行预置，学生主要安排拟在下学期学习的重修课和各类选修课，预选阶段一般安排在每学期的第 8 周开始。正选阶段，学生在预选基础上，根据学校的课程教学具体时间、地点安排，正式选择拟修课程及其相应任课教师，选课重点为通过调整或取舍所选择的选修课的不同班级，避免在教学时间上的冲突，正选阶段一般安排在每学期的第 16 周开始。在补退选阶段，学生通过对所选择的选修课的前期学习，进一步确认所选课程及其相应教师。选课重点为退掉不想或不宜学习的课程，增补选想选又可选（开班有剩余容量且无选修限制）的课程，补退选阶段一般安排在每学期前两周进行。

在选课的每个阶段，学生均应在规定的时间内，通过教务处网站选课系统进行选课，逾期后果自负。未经授权任何人不得使用他人账号及密码进入选课系统代替他人选课，违者以恶意选课论处。

学生选课必须以培养方案为依据，原则上应按专业培养方案安排要求，其中通识教育核心选修课至少选择 1 门，自主安排学习进程，自主选择课程，自主选择任课教师。但有严格先修后续关系的课程，须先选先修课，再选后续课，未取得先修课学分者，不得选修后续课程。

每生每学期选修公共选修课不能超过 1 门。每学期学生选课的总学分一般最低不少于 15 学分，最高不超过 32 学分。

同一课程理论课和实验课分别编号开课的，学生应同时选修。

学生必须参加选定课程的教学班级考勤和考核，不得擅自变更听课班级，否则，该门课程成绩无效；对有上课时间冲突的课程，允许按规定申请免听。

学生正选阶段选定的课程，其教材由学校统一组织征订。学生在补退选阶段退选课程的教材不允许退换。

对恶意选课、蓄意破坏选课进程者，视情节轻重给予严重警告以上纪律处分。

学生必须在正选及补退选结束后自行打印本人课表，作为选课凭证备查。

二、课堂学习

课堂是进行教学活动的主要场所，是保证教学质量，促进学风、校风建设的重要阵地。学生在课堂中须谨遵课堂准则之学规五戒：一戒迟到早退；二戒衣冠不整；三戒玩耍手机；四戒偷懒睡觉；五戒吃喝吵闹。迟到者，须经任课老师允许后，方可进入课堂听课。原则上不得在课堂上开启和使用手机等通信工具。不得在课堂上吃东西、打瞌睡。不在课桌或教室其他设施上涂写或刻画。不得穿背心或拖鞋等有碍观瞻的衣着进入教室。不随意交谈，不影响他人上课。不得有对教师无礼或其他不文明的行为举止。对违反上述课堂守则者，任课教师应予以批评，并根据情节轻重记入学生成绩登记表，作为评定学生课程平时成绩的参考。情节严重者按《江西师范大学学生违纪处分办法》进行处理。

三、课外作业

课外作业是教学工作不可缺少的重要环节。其内容一般可以分为三类：阅读作业，包括为预习或复习的教科书阅读，以及为扩大知识领域或加深对教材理解的参考书阅读等；口头和书面作业，包括熟读、背诵、复述、书面回答问题、演算习题、绘制图表、作文及其他创造性作业等；实践活动作业，包括实习、实验、观察、测量和制作标本模型等。学校大力提倡研究性学习，学生不仅应按教师要求完成课外作业，还应主动与同学、教师开展作业研讨，努力使自己成为现代学习型组织的积极参与者。

四、考勤

学生在标准学制年限内（休学顺延）原则上应住校学习，超期未毕业者，所欠学分在 15 分（含 15 分）以上的，原则上也应住校学习。

学生必须按时参加培养方案规定和学校统一组织的教学活动。学生上课、考试、实验、实训、实习、社会调查、军训、劳动、时事政治学习等，都要进行考勤。

学生因故不能参加的，必须事先请假。未请假或请假未准而擅不出勤者，按旷课处理。

学生因病请假应当附校医院证明，连续请病假在一周以内的由班主任批准，一周以上的须由学院院长批准。

学生一般不得请事假。有特殊原因必须请事假时，应当事先办理请假手续，连续请事假三天以内由班主任批准，三天以上由学院院长批准。一学期累计事假不得超过两周。

学生请假期满后应及时销假。需要续假时，其手续与请假手续相同。凡未请假、请假未准或请假逾期未续假者，均按旷课论处。对旷课学生根据其旷课累计时数，视情节轻重及认错态度，给予批评教育，直至纪律处分。

五、课程考核方式

学生必须参加所修专业培养方案规定的课程和各种教育教学环节（以下统称课程）的考核，考核成绩记入成绩登记表，归入教学档案。考核可根据课程性质特点和教学要求，采用笔试（闭卷、开卷或闭开卷结合）、口试、专题论文、技能测试等多种形式。

六、课程考核纪律

学生参加考试必须携带身份证、校园卡（有准考证的还必须携带准考证），否则不准参加考试。若证件遗失而来不及补办的，应有所在学院的证明才能参加考试。考生考试前 20 分钟进入考场，按指定的座位就座，将上述证件放在桌面，并保持考场安静。考生迟到 30 分钟，不得进入考场，考试 30 分钟后，才准交卷出场（有特殊要求的考试除外）。考生交卷后应离开考场，不得在考场内逗留或在考场附近高声交谈。

考生的试卷、答卷、草稿纸由监考人员统一发放，考试结束时收回，一律不准带出考场。严禁考生自带纸张参加考试。考生提前完成答题的，应举手示意请监考人员收卷后方可离开；考试结束时监考人员宣布收卷后，考生应立即停止答题，在座位上等待监考人员收卷清点后，方可离场。

除必要的文具和开卷考试科目所允许的工具和参考书以外，所有书籍、讲义、笔记、手机、电子辞典、计算器（某些考试科目经允许可使用计算器）等物品不得带入考场，如果已带入，则必须放在监考人员指定的位置。

考生必须严格遵守考场规则，应认真、诚实地在规定的时间内独立完成答题。凡不服从监考人员安排，违反考场纪律或作弊者，应按规定给予相应的纪律处分，并在全校予以通报。

七、课程考核违纪、作弊的认定及处理

（一）一般考试违纪

考生有下列行为之一者，为一般考试违纪，应当场给予口头警告，责令及时纠正，并予以通报批评。

1）将书包、复习资料、手机等电子设备（处于关闭状态）带入考场，未放在监考人员指定位置的。

2）未按要求隔位就座或未坐在规定的位置的。

3）开考前答题或考试结束信号发出后仍继续答题的。

4）未经允许自带答题纸或草稿纸（空白）的。

5）考试过程中东张西望企图偷看的。

6）开卷考试中，未经允许擅自借用他人的书、笔记、资料、计算器等物品的。

7）交卷后仍在考场逗留或在考场附近高声喧哗的。

8）其他应认定为一般考试违纪行为。

（二）严重考试违纪

考生不遵守考场纪律，不服从考试工作人员的安排与要求，有下列行为之一者，应当认定为严重考试违纪，视情节给予警告或警告以上，直至留校察看处分，该门课程成绩以零分记。

1）一般考试违纪行为，经监考人员口头警告无效的。

2）将手机等电子设备带进考场（处于开机状态）的。

3）他人强拿自己的试卷、答卷或草稿纸未立即予以拒绝并报告监考老师的。

4）将试卷、答卷（含答题卡、答题纸等）、草稿纸等考试用纸带出考场的。

5）用规定以外的笔、纸答题或者在答卷规定以外的地方书写姓名、学（考）号或以其他方式在答卷上标记信息的。

6）故意销毁试卷、答卷或者其他考试材料的。

7）在考试过程中交头接耳、以手势、暗号等传递信息的。

8）不服从考试工作人员安排，故意扰乱考场纪律的。

9）其他违反考场规则但未构成考试作弊行为的。

（三）一般考试作弊

考生违背考试公平、公正原则，以不正当手段获得或者试图获得试题答案、考试成绩，有下列行为之一的，应当认定为一般考试作弊，该门课程成绩以零分记，并视情节给予记过或记过以上处分。

1）夹带与考试内容有关的书籍、笔记、讲义、复习提纲、纸条等物品，或抄袭试题答案相关内容的（含试卷分析结果）。

2）在考场设施上或身上等处写有与考试课程有关内容的。

3）在允许使用的工具书上写有与考试相关的内容或夹带相关材料的。

4）强拿他人试卷、答卷、草稿纸的。

5）为他人违纪或作弊行为提供方便的。

6）偷看他人试卷、答卷或草稿纸的。

7）考试中直接或以借用工具书、文具、计算器等方式传接答卷或纸条的。

8）违反考场规则使用电子记事本、电子辞典或有文字存储功能的计算器的。

9）使用手机等无线通信工具的。

10）在答卷上故意填写与本人身份不符的姓名、考号等信息的。

11）利用上厕所机会在考场外偷看有关考试内容的资料或与他人交谈有关考试内容的。

12）被监考人员认定为考试违纪后，态度恶劣、影响极坏的。

13）其他一般考试作弊行为。

（四）严重考试作弊

考生有下列行为之一的，应当认定为严重考试作弊，视情节给予留校察看或开除学籍处分。

1）请人代考或代人考试的。

2）第二次考试作弊的。

3）组织考试作弊的。

4）利用通信工具作弊，情节严重的。

5）被监考人员认定为考试作弊后，态度恶劣、影响极坏的。

6）严重扰乱考场秩序或其他严重考试作弊行为。

（五）其他

平时作业、论文、调查报告等有剽窃他人成果或伪造数据行为者，该门课程成绩以零分记，并视情节给予警告及以上处分；情节严重的，给予记过及以上处分。

毕业设计、毕业论文有剽窃他人成果或伪造数据行为者，毕业设计、毕业论文成绩以零分记，并视情节给予记过或记过以上处分，直至开除学籍。凡要求老师对学习成绩提分、加分或相互隐瞒违纪作弊事实被揭发者，以作弊论处。

八、课程考核违纪、作弊处分程序

考试违纪、作弊行为由监考人员或巡考人员当场确定。

考试违纪、作弊行为一经确定，任何个人和组织均无权变更。监考、巡考人员应将当事人姓名、学（考）号、违纪或作弊主要情节在"考场情况登记表"（"巡考登记表"）中如实记录或写成书面材料（至少两人签名确认），并在答卷上注明"违纪"或"作弊"字样，于考试结束后及时连同物证一并交教务处。

教师在阅卷或其他情况下发现的作弊问题，要及时书面报告（连同物证）教务处，教务处负责调查取证，并提出初步处理意见。

教务处对学生考试违纪、作弊情况和其他考试异常情况汇总后，于考试结束后一个工作日内向全校通报。

对考试违纪、作弊的处理程序和处分审批权限、处理决定的告知、归档及申诉等，参照《江西师范大学学生违纪处分管理办法》有关规定，由教务处负责执行。

对在考试中有失职行为或违反考试纪律的教职工，应严格按照相关规定给予处理或处分。

九、课程考核成绩评定与登记

课程考试成绩的评定，采用百分制或五级记分制（优秀、良好、中等、及格、不及格）。成绩登记采用百分制。五级记分制换算成百分制的方法为：优秀为 95 分，良好为 85 分，中等为 75 分，及格为 65 分，不及格为 55 分。考试成绩达 60 分及以上者，视为合格。

课程考试成绩评定以期末考试成绩为主，开课单位可根据课程性质调整平时成绩比例，最高可达总成绩的 50%。任课教师应强化学生课程学习的过程考核，平时成绩和实践考核成绩应有合理的区分度。

学生在以下情况参加考试，课程成绩评定时，不记平时成绩，以卷面成绩为准，如免听、补考和其他因合理原因经审批未参加课程学习的各类情况。

学生按课程教学要求修完某门课程，经考核合格，方可获得该门课程的学分，并实行理论成绩否决制。有实践环节的，理论成绩最低控制线为 50 分，理论成绩不合格则总评成绩不合格（必要时可记为 59 分）。

学生无故缺课累计超过该门课程学期总学时数的 1/3 时，除按规定给予纪律处分外，不得参加该课程考核，该课程成绩以零分记。

学生体育成绩评定要突出过程管理，根据考勤、课内教学、课外锻炼活动和体质健康等情况进行综合评定。对身患疾病或因生理原因不能正常上体育课的，依据学校指定的二级甲等以上医院证明，安排其参加"体育保健班"学习，组织适当的健身活动，对认真参加锻炼的，可视为体育课合格。

学生严重违反考核纪律或者作弊的，应视其违纪或者作弊情节，按照《江西师范大学学生违纪处分管理办法》给予相应的纪律处分。该课程考核成绩记为无效。

为保证公平合理地评价学生学业，学生成绩登记采用原始分加标准分制。

十、课程考核成绩复查

学生对其成绩有疑问，应于下学期开学后一周内，通过"教务在线"提出复查申请，由教务处会同开课单位指定专人进行复查。复查原则上只查有无漏评、统分（登分）错误。经复查确有错误的，由开课单位填报"江西师范大学成绩更正申请表"，属于漏评的，由阅卷人更正、签字确认；属于登分、统分错误的，由登分人更正、签字确认，经批准后由教务处予以更正并通过"教务在线"通知申请复查的学生。

十一、课程考核成绩评价

为衡量学生学习的质量，学校实行标准分制，学分加权平均标准分是学生继续学业、评定奖学金、获得奖励、选读辅修专业、免试保送研究生、推荐就业等的重要依据。

学分加权平均标准分计算办法为：学分加权平均标准分＝Σ每门课程学分 × 每门课程标准分／Σ每门课程学分。其中每门课程的标准分＝（课程分数－全校该课程当前学期的平均分）／全校该课程的标准差。

十二、免听

学生申请课程免听必须符合如下两个条件之一：已经较好地掌握了该门课程基本内容或所选的课程存在不可避免的听课冲突，但实验课、实习、毕业设计、体育课、艺术小课等实践性较强的课程一般不得申请免听。

课程免听不免考。免听课程考核不计平时成绩，只计期末考试卷面成绩。对于学校同意免听的课程，学生仍可以参加听课。

课程免听一般应按如下程序申请：

1. 学生申请

凡符合课程免听条件的学生，可在学期末或正式上课一周内填写《江西师范大学课程免听申请表》，并提供必要的证明材料，向任课教师和开课单位提出免听申请。

2.任课教师签署意见,开课单位审核汇总

任课教师在接到学生申请后,必须认真审核学生是否符合上述条件,并在申请表上签署明确的意见,然后,由任课教师及时将学生的申请材料收齐,统一交开课单位审核。

学生如果是因有不可避免的严重听课冲突而申请免听,任课教师一般应予同意;学生如果认为自己已经基本掌握课程基本内容而申请免听,任课教师或开课单位可以通过面试或笔试等方式予以检查,然后签署意见。

开课单位必须认真审核学生的申请材料,在申请上签署意见,并在学期第二周结束前将所有申请材料汇总后报教务处审批。

3.教务处审批

教务处在接到开课单位汇总的申请材料后,三个工作日内予以审批,并将审批结果通知开课单位和学生管理部门。然后三个工作日内,开课单位和学生管理部门分别通知到任课教师和免听课学生。

十三、缓考

学生因参加硕士研究生入学考试、因病住院、因公出差等无法参加正常考试,应办理缓考手续。具体程序为:学生填写"江西师范大学缓考申请表",并于考试前提交书面申请,经分管教学学院领导同意后,报教务处批准。如申请者本人无法办理缓考手续,应委托他人办理。凡未办理缓考手续的,一律按旷考处理。考试开始后不再办理缓考申请。缓考与下一学期开学初补考同时进行。

十四、补考

学校在每学期开学初对期末考试总评成绩不合格的学生组织补考。专业学位课以外的必修课不合格者允许参加补考,补考合格记补考成绩;补考不合格的,允许参加学校组织的毕业前最后一次补考。旷考者不准参加补考。学生严重违反考核纪律或者作弊的,一般不准参加下学期开学初的补考,经教育表现较好,通过本人申请,学院审核,教务处批准,可以给予补考机会。

专业学位课程不及格只能重修,不能参加补考。

十五、加分

为鼓励广大高水平运动员和体育专业学生积极投身竞技体育,取得优异成绩,学校依据其竞赛成绩酌情对当学期所选课程成绩给予加分,加分不累积(获多项优异成绩的,只能享受一次最高等级的加分),加分后成绩以75分为限。运动员参加比赛必须遵纪守法,凡有损精神文明或学校名誉者,取消加分资格。

运动员课程成绩加分申请由体育学院在比赛结束后两周内报教务处审批后记入学籍。

高水平运动员获奖加分具体标准如下：

1）代表学校或江西省参加全国体育比赛获奖牌（前 3 名）者加 25 分，获前 4～8 名者加 20 分，未获名次者加 15 分。

2）代表学校参加省、市体育比赛获奖牌（前 3 名）者加 20 分，获前 4～8 名者加 15 分，未获名次者加 10 分。

3）代表学院比赛参加校级体育比赛获团体前 3 名或单项前 4 名者加 10 分，获团体 4～6 名或单项 5～6 名者加 5 分。

4）在校级以上运动会上打破学校纪录者加 20 分，打破省大学生纪录者加 30 分，打破全国纪录者加 40 分。

体育类专业学生获奖加分参照上述 4 类减半（四舍五入）加分。

第三节　学籍异动

一、转专业

为促进学生主动学习和个性发展，优化办学资源配置机制，努力培养适应社会需要的全面发展的各类专门人才，学校施行学生自主转专业政策。

（一）基本原则

第一，自主有序。学生转专业自主自愿。对部分申请转入人数过多的专业，学校根据实际办学条件限定转入名额，由相关专业所在学院进行考核后择优录取。学校根据社会对人才需求情况的发展变化，必要时经学生同意，可适当调整其所学专业。

第二，公平规范。严格遵照上级教育主管部门对学生转换专业的相关要求规范进行，保证专业转换工作公开公平公正。学生进入三年级学习后原则上不再转专业，如有特殊情况须降级学习。转专业只能在同类别（普通文理、体育、艺术）同一招生录取批次代码内招生的学生中进行。

（二）基本条件

学生对所申请转入专业确有浓厚兴趣并具有一定基础，转专业后更有利于发挥其学习专长。休学创业或退役后复学的学生，因自身情况需要转专业的，学校优先考虑。但有下列情形之一的，不得申请转专业。

1）招生录取时确定为定向生或委托培养。

2）招生录取时有特殊要求或以特殊形式录取我校（如国际合作办学、艺术体育、各类单独招生、专升本、预科班、民族班）。

3）上级主管部门相关文件规定不予转专业的。

（三）具体程序

1）每年 4 月中旬，教务处会同相关学院依据学生兴趣爱好和专业建设发展实际，制定转专业计划，发布转专业工作通知。

2）符合转专业条件并要求转专业者，应在通知要求的时间内登录"教务在线"填写"江西师范大学转专业申请（审批）表"并打印交至转出学院。

3）转出学院对申请转专业学生的资格条件进行初审，通过资格审查学生的"江西师范大学转专业申请（审批）表"经转出学院签署审核意见后，由申请转专业学生交转入学院（含同学院内转专业）。各转出学院可以对申请转专业学生进行专业思想教育，但不得以本办法第二条规定外的其他理由阻止学生申请转专业。

4）转入学院对学生提出的申请进行审核，确定拟同意接收学生名单，并将拟同意转入学生的"江西师范大学转专业申请（审批）表"签署学院意见后汇总报教务处审核。对限定转入名额的专业，专业所在学院应组织专门考核小组，通过笔试（不超过两门专业课程）和面试对申请转专业学生进行考核并择优录取。未通过转入学院审核或考核的申请转专业学生，继续在原学院和专业学习。

5）教务处审核确定各学院上报的转专业学生名单后在"教务在线"网站进行为期 1 周的公示，公示结束后报学校审批。学校审批确定转专业学生名单后，由教务处统一发布通知，各相关学院及时做好学生转换专业的教育和服务工作。

6）批准转专业的学生于下一学期开学初到转入学院报到并办理学籍异动手续。学生逾期未报到，或在报到前违反校规校纪受到处分，或经查实学生申请转专业材料弄虚作假者，取消转专业资格。

7）个别特殊情况转专业的程序参照上述 3~6 条执行。

（四）相关规定

1）学生在申请及办理转专业手续过程中，应继续在原专业学习，遵守学习纪律，不得无故缺课。

2）学生转入新专业后，学号不变。

3）学生转入新专业后，毕业最低要求为修满转入专业培养方案规定的总学分和必修课程学分（原专业一年级所获课程学分计入总学分，新专业一年级的课程不做必修要求）。

4）转专业学生学费按新专业当年入学时的学费标准收取。

二、转学

学生如因患病或者确有特殊困难，无法继续在本校学习的，可以申请转学。有下列情况之一者，不予考虑转学。

1）入学未满一学期或者毕业前一年的。

2）高考成绩低于拟转入学校相关专业同一生源地相应年份录取成绩的。

3）由低学历层次转为高学历层次的。

4）以定向就业招生录取的。

5）正在休学、保留学籍的。

6）二次转学的。

7）予以退学和受到开除学籍处分的。

8）无正当转学理由的。

学生转学由学生本人提出申请，经所在学校和拟转入学校同意，由转入学校负责审核转学条件及相关证明，认为符合本校培养要求且学校有培养能力的，经学校校长办公会或者专题会议研究决定，并对转学情况及时进行公示，公示无异议的，可以转学。

学生申请跨省转学，须由转出学校和转入学校在规定的转学申请表签署意见并盖章后，由转出学校报所在省级教育行政部门确认转学理由正当，转入学校所在省级教育行政部门确认，按转学条件确认后办理转学手续。

学生转学的手续一般在拟转入前一学期末办理。学校对转学情况进行公示，并在转学完成后 3 个月内，由转入学校报所在地省级教育行政部门备案。

三、休学

学生若符合以下条件之一，可申请休学。

1）经学校指定的二级甲等以上医院诊断，因病需要停课治疗、休养占一学期总学时 1/3 以上的。

2）在一学期内请病假、事假缺课累计超过该学期总学时 1/3 的。

3）因其他特殊原因，本人申请或学校认为必须休学的。

学生休学以学年为单位。休学时间累计不得超过两年。学期中办理休学者，该学期按休学计算。

休学学生的有关事宜，按下列规定办理。

1）休学学生必须办理休学手续离校，往返路费自理，学校保留其学籍。

2）因病休学的学生，必须离校治疗和休养，病休期间的医疗费按学校的有关规定处理。

3）学生休学期间，不享受在校生的待遇，不得参加任何修业活动。

4）学校不对学生休学期间发生的事故负责。

对休学创业的学生，适当延长休学时限，最多不得超过四学年。

学生应征参加中国人民解放军（武装警察部队），可保留学籍至退役后两年。

学生保留学籍期间，与其实际所在的部队、学校等组织建立管理关系。

休学和保留学籍时间不计入在校学习年限。

四、复学

学生休学期满，应当于学期开学前持有关证明向学院申请复学，经教务处批准，方可办理复学手续。

因病休学的学生，申请复学时必须提供学校指定的二级甲等以上医院出具的体检证明书，证明确已康复、能照常学习，并经校医院复查合格，方可办理复学手续。

应征入伍学生退役后两年内，凭退伍通知书办理复学手续。

复学学生一般随原专业下一年级学习，如原专业没有连续招生，由所在学院提出意见，教务处批准，到相近专业学习。

学生在休学、保留学籍期间，有严重违法乱纪行为的、未办理休学手续擅自离校或者因各种原因退学的学生均不得申请复学。

五、降级

学生一学期内有 2 门以上（含 2 门）必修课程补考不合格者，应予以警告；累计两次出现以上情况者，应降入本专业下一年级学习。

六、退学

学生符合以下条件之一，应予退学：

1）除不可抗力原因外，获得学籍时间超过规定学习年限的。

2）在校学习期间出现两次累计获得学分未达到所修课程总学分 50% 的。

3）超过学校规定期限未注册而又未履行暂缓注册手续的。

4）休学、保留学籍期满，未申请复学或者申请复学经复查不合格的。

5）经学校指定的二级甲等以上医院诊断，患有疾病或者意外伤残不能继续在校学习的。

6）应休学而坚持不休，且在一学期内缺课超过该学期总学时 1/3 的。

7）未经批准连续两周未参加学校规定的教学活动的。

8）有缴纳经济条件而拒绝缴纳学费的。

9）因其他特殊情况，学校认为必须退学的。

学生在学期间无论何种原因出境，均应如期返校并向学院报到，逾期者按违反学习纪律处理。未经批准逾期两周以上未返校报到的，按自动退学处理，取消学籍。

学生本人申请退学的，由学生本人提出申请并附有关证明材料，经学院同意，报教务处审核、主管校长批准后，办理退学手续离校。

除学生本人申请退学外，对学生作退学处理，应报校长办公会研究决定，所有退学学生应按要求填写"江西师范大学普通本科生退学申请（审批）表"。

经批准退学的学生，应在批准之日起一周内办理退学手续离校。自正式通知退学之日起，停止享受在校生的一切待遇。

对作退学处理的学生，学校出具退学决定书，同时报江西省教育厅备案。退学决定书由学院直接送达学生本人；学生拒绝签收的，可以以留置方式送达；已离校的，可以采取邮寄方式送达；难于联系的，可以在学校网站、新闻媒体等发布公告，自发出公告之日起，经过 60 日，即视为送达。

学生如对退学处理有异议，可以向学校学生申诉处理委员会提出书面申诉，申诉程序按照《江西师范大学学生申诉管理办法》办理。

学生退学的善后问题，按下列规定办理：

1）退学学生的档案由学校退回其家庭所在地，户口按照国家相关规定迁回原户籍地或者家庭户籍所在地。

2）经学校指定的二级甲等以上医院诊断为精神病患者、癫痫患者或者患有其他严重疾病（包括意外伤残）的，由家长或法定监护人负责领回。

3）退学学生办理完退学手续后学校发给肄业证书或者写实性学习证明。对未经学校批准擅自离校的学生取消学籍，原则上不出具任何证明。

第四节　修业与学位审核

一、学分认证

所谓学分认证，是指个别学生因转学等原因，其在他校修习的学分应予以认证；或因转专业或培养方案调整等原因，其已修课程与应修课程由于大纲基本一致，或已修课程在知识、能力和素质的要求上不低于应修课程要求等，为避免不必要的重复修习，其已修课程的修习性质亦应予以认证。

1. 认证原则

1）只对必修课程进行认证。

2）限于因转学、培养方案调整。

2．认证程序

学生申请（通过"教务在线"下载、填写"江西师范大学学分认证申请表"），学院审核，教务处批准。

学分认证不改变学生实际课程修习状态或结果。

二、毕业

具有学籍的学生，按照学校人才培养目标的要求，在规定修业年限内完成专业培养方案规定的学业，获得规定的总学分和必修课程学分，准予毕业，发给毕业证书。毕业、学位审核实行申请制，每学年进行两次，正常毕业申请时间一般安排在每学年第二学期开学初。毕业、学位审核同时进行。

三、结业

学生在规定的学习年限内修完培养方案规定内容，未达到毕业要求的，准予结业，发给结业证书。结业后 2 年内，可参加学校组织的结业后补考或者补作毕业设计（论文）、答辩，达到毕业要求的，补发毕业证书，毕业时间按发证日期填写。

四、肄业

退学的学生，在校学习满一年并至少获得 25 学分，可发给肄业证书。

五、修业证书与学位证书

毕业证书（含辅修专业毕业证明）、学位证书（含双学士学位证书）及结业证书的发放，每年进行两次。毕业、结业、肄业证书和学位证书遗失或者损毁不能补发，经毕业生本人申请，学校核实后可出具相应的证明书。证明书与原证书具有同等效力。

学校严格按照招生时确定的办学类型和学习形式，以及学生招生录取时填报的个人信息，填写、颁发学历证书、学位证书及其他学业证书。

学生在校期间变更姓名、出生日期等证书需填写个人信息的，由学生本人提出申请，并提供有法律效力的相应证明文件，经教务处审查，报江西省教育厅批准后，证书信息作相应变动。

对违反国家招生规定取得入学资格或者学籍的，学校取消其学籍，不予颁发学历证书、学位证书；已发的学历证书、学位证书，学校依法予以撤销。对以作弊、剽窃、抄袭等学术不端行为或者其他不正当手段获得学历证书、学位证书的，学校依法予以撤销。

被撤销的学历证书、学位证书已注册的，学校予以注销并报省教育行政部门宣布无效。

六、学士学位审核与授予

学校依据《中华人民共和国学位条例》第八条之授权，对符合江西师范大学学士学位授予标准的学位申请者，授予学士学位，发给学士学位证书。

1. 学士学位授予标准

高等学校本科毕业生，凡拥护中国共产党的领导，拥护社会主义制度，热爱祖国，品德端正，成绩优良，并达到下述学术水平者，可以申请学士学位。

1）热爱祖国，拥护中国共产党的领导和社会主义基本制度，立志为社会主义现代化建设服务，品行端正、遵纪守法；

2）在规定修业年限内完成专业培养方案规定的学业，获得规定的总学分和必修课程学分，经审核准予毕业；

3）已较好地掌握本门学科的基础理论、专门知识和基本技能，具有从事本学科专业的研究工作和担负专门技术工作的初步能力；

4）较为熟练地掌握 1 门外国语言，并达到下列要求之一（新疆、西藏籍及母语为非汉语的少数民族的预科生除外）：①普通专业本科学生通过全国大学英语四级考试，获得合格证书或成绩在 425 分（含）以上；②音乐、体育、美术类特殊专业学生、体育特招生通过江西省高校英语应用能力考试，获合格证书；③英语类专业本科学生通过国家英语专业四级考试，获合格证书；④日语类专业本科学生通过全国高校日语专业四级考试，获合格证书；⑤通过学校学位外语水平考试。

在校期间有下列情形之一者，不得授予学士学位：①专业学位课程累计重修达 4 门次以上（含 4 门次）；②结业（肄业）学生；③外国语成绩未达到上述第四点的规定要求。④在校期间受记过以上处分或 2 次以上（含 2 次）记过处分。

2. 学士学位审核程序

程序为：①学生个人申请（与毕业申请同步）；②学院学位评定分委员会逐个审查，提出授予和不授予意见；③教务处分专业审核并提出授予和不授予学士学位毕业生名单；④校学位评定委员会审查通过学士学位获得者名单。

3. 学士学位撤销规则

在完成对本科毕业生授予学士学位后，若发现有漏授、错授或舞弊作伪等严重违反本规程的，学院学位评定分委员会应予复议，经校学位评定委员会复议后，做出补授、改授或撤销其学位的决定。

4. 学士学位授予或撤销时效

授予或撤销学士学位的决定自校学位评定委员会通过之日起生效。

成人高等教育本科毕业生学士学位授予工作，按《江西省普通高等学校授予成人高等教育本科毕业生学士学位暂行办法》（赣学位〔2001〕6 号）有关规定执行。

在我国学习的外国留学本科毕业生学士学位授予工作参照本规程执行。

七、双专业双学位

为适应国家经济建设和社会发展的需要，充分利用学校的教育资源，让学生学习更多的知识技能，增强学生的适应力与竞争力，努力培养复合型人才。学校鼓励本科生在修读本专业的同时，跨学科修读另一专业学位课程，达到要求者可颁发两个学科的学士学位。

1. 双专业双学位申请条件

1）我校有学籍的普通教育全日制本科二年级在校学生。

2）已修读课程补考课程三门（含三门）以下者。

3）已缴清学校规定的各种费用，学有余力者。

4）在校期间没有受过记过及以上处分者。

2. 双专业双学位申请程序

1）每学年第二学期中期教务处下发双学位报名通知，符合条件的学生可登录学校"教务在线"进行网上报名。

2）双专业双学位开设学院进行网上审核。

3）对报名人数不足不能开班的双学位专业进行志愿二次调整。

4）教务处根据学院审核情况进行审批录取并在"教务在线"公示录取名单。

5）被录取学生前往财务处缴纳学费。

3. 双专业双学位教学管理

双专业双学位培养方案的课程设置应包含覆盖该专业关键知识、能力、素养的主要学科基础课、专业主干课、主要实践环节和毕业设计（论文）等，课程大纲要求与主修专业相同，总学分 40 学分，每学期安排的课程学分数原则上不高于 15 学分。双专业双学位的教学管理要求与主修专业相同。

辅修双专业双学位工作实行校院两级管理。教务处对辅修双专业双学位实行监管，包括学籍管理、教学质量监控、教学资源调配等，财务处负责学费管理。学院负责培养方案的制订和实施，包括培养方案的制订、课程设置、教学任务的落实及成绩登记管理等，并确保双学位教育教学质量。

修读双专业双学位的学生管理不脱离主修专业学院，可单独编班授课，主要采取周末或晚上集中授课方式。修读双专业双学位课程与主修课程上课时间冲突的，可办理课程免听手续，免听不免考。

4. 双专业双学位学籍管理

辅修双专业双学位学制二年，其修习时间限定在主修专业学习年限内，修读双专业双学位的学生，其学籍由主修专业所在学院管理。

学生应按学校规定缴纳学费，学费按学年收取，试行期间减半收费。如学生中途退出双学位学习，所缴费用不予退还。收费标准按江西省发展改革委员会、江西省财政厅《关于核准江西师范大学等十三所高校全日制本科生双学位收费标准的函》（赣发改收费字〔2010〕1582 号）的有关规定执行。

学生在修读双专业双学位的过程中，如遇特殊情况不能坚持继续修读，应办理退学手续。申请退选的学生填写"江西师范大学辅修双专业双学位退选审批表"后，到开办学院、教务处办理相关手续。中途退出学习的学生不得再申请修读双学位。

有下列情形之一者，取消其修读双专业双学位资格：

1）学生退学或开除学籍后，因主修专业学籍的丧失，即自动中止其双专业双学位资格。

2）不按时缴纳学费者。

3）中途放弃双专业学习者。

4）达到本规程中规定的退学条件者。

5）严重考试作弊者。

5. 双专业双学位学位授予

取得主修专业学士学位者，修完辅修双专业双学位专业培养方案规定内容，成绩合格，双学位必修课程补考四门（含四门）以下，符合学士学位授予条件的，可以授予双学士学位。

未取得主修专业学士学位者，无论辅修双专业双学位专业是否达到学位授予条件，均不授予双学士学位。

未达到辅修双专业双学位的要求，不影响其主修专业的学籍、毕业与学位授予。

获得辅修双专业双学位的学生，可单独发放"辅修专业毕业证明"。

第四章

教学人员与教学工作

第一节　教师任职资格

一、助教任职资格

热爱祖国，忠诚党的教育事业。品德高尚，为人师表，淡泊名利，志存高远。爱岗敬业，关爱学生，刻苦钻研，严谨笃学，勇于创新，奋发进取，积极从事人才培养工作。熟悉教学内容或实验内容，承担部分章节的讲授、作业批改，辅导答疑，协助制作课件等工作，教学考核优良。随班听课，全程参与教研教改活动。有一定的改革创新意识。

二、讲师任职资格

热爱祖国，忠诚党的教育事业。品德高尚，为人师表，淡泊名利，志存高远。爱岗敬业，关爱学生，刻苦钻研，严谨笃学，勇于创新，奋发进取，积极从事人才培养工作。拥有本学科扎实的理论基础知识，了解本专业国内外现状及发展趋势。掌握本专业的教学规律和教学方法，开展教育教学改革与教研活动，教学效果良好。参加科学研究、技术开发工作，发表有一定水平的学术论文。能运用外国语获取信息和进行学术交流。

学术基本要求由人事处依据政府有关文件分年度制定颁布。

三、副教授任职资格

热爱祖国，忠诚党的教育事业。品德高尚，为人师表，淡泊名利，志存高远。爱岗敬业，关爱学生，刻苦钻研，严谨笃学，勇于创新，奋发进取，积极从事人才培养工作。拥有本学科系统、扎实的理论基础和专业知识，具有比较丰富的实践经验，及时掌握本学科国内外的学术发展动态。参加科学研究、技术开发，能提出有较大实际意义或学术价值的科研课题，并取得有较大社会经济效益的研究成果，发表、出版有较高水平的论文、论著，具有担任科研课题组负责人或项目负责人的能力。教学经验丰富，教学效果好，积极参加教育教学改革，在教学研究或实验室建设方面成绩显著，具有指导硕士研究生或青年教师的能力，能担任教学、科研等方面的组织管理工作。能熟练地运用外国语获取信息和进行学术交流。具有两门或两门以上本科课程任课资格，每学年至少为本科生讲授一门课程。主持完成 1 项校级及以上教学改革与研究项目，或主编并出版 1 部教材，或发表 1 篇教研论文（第一作者，D 类及以上）。

学术基本要求由人事处依据政府有关文件分年度制定颁布。

四、教授任职资格

热爱祖国，忠诚党的教育事业。品德高尚，为人师表，淡泊名利，志存高远。爱岗敬业，关爱学生，刻苦钻研，严谨笃学，勇于创新，奋发进取，积极从事人才培养工作。拥有本学科广博、坚实的理论基础和专业知识，具有丰富的实践经验，及时掌握本学科国内外的发展动态，具有提出本专业的研究方向或开拓新的研究领域的能力。在本学科某一领域有突破性的研究成果，主持或直接指导完成具有较大学术、技术意义的研究课题，取得重大成果或发表高水平的学术论文，出版高水平的论著，或对专业建设、学科发展、国民经济建设和社会进步做出较大贡献，在本学科有一定的知名度。教学经验丰富，教学成果显著，具有领导本学科教学、科研及专业建设、学科建设的能力，主持和指导教育教学改革，具有指导研究生的能力。能熟练运用外国语获取信息和进行学术交流。具有两门或两门以上本科课程任课资格，每学年至少为本科生讲授一门课程。主持完成 1 项校级及以上教学改革与研究项目，或主编并出版 1 部教材，或发表 1 篇教研论文（第一作者，D 类及以上）。

学术基本要求由人事处依据政府有关文件分年度制定颁布。

第二节　教师聘任与聘用

一、专任教师聘任原则

专任教师是校内专门担任教学工作的在编在岗教学人员。其聘任原则为：岗位设置和聘任工作要有利于促进学科专业的发展，有利于提高办学质量和效益，有利于调动广大教职工积极性；淡化身份，强化岗位，实行按需设岗、聘任公开、择优上岗。

二、专任教师聘任岗位

1. 岗位分类

教学科研类设置特聘教授岗、教授岗（分设一类岗、二类岗、三类岗）、副教授岗（分设一类岗、二类岗、三类岗）、讲师岗、助教岗、见习教师岗；教学辅助类设置正高岗、副高岗、中级岗、初级岗、见习岗。

2. 岗位职数与聘任条件

各学院相应岗位职数与聘任条件由人事处和各学院依据事业发展和工作需要提出初步意见，经校教学工作委员会审议，报校长办公会审定后，由人事处和学院向社会公布。根据学校的实际情况，在聘任制改革的过渡时期，教授岗、副教授岗的岗位职数原则上按现任教授（及相当专业技术职务）、副教授（及相当专业技术职务）在岗人数的 1.2 倍确定；其他岗位职数依据现有在岗人数确定。

三、专任教师聘任程序

人事处和各学院向社会公布由学校核定的岗位职数、空缺岗位数、岗位职责、聘任条件等事项。应聘人员选择工作岗位，填报岗位聘任申请表。组织人事部门对应聘人员进行聘任资格条件审查。聘用单位组织考核，经学院教学工作委员会评议后，确定拟聘人选，报校长办公会审定（其中教授和副教授岗位还需经校学术委员会研究决定），并在全校公示。按照聘用权限实行聘任。

四、专任教师考核、续聘、解聘和辞聘

岗位聘任期限一般为 3 年。聘任单位每年对在岗人员进行考核，考核结果作为续聘、解聘的重要依据。凡是符合岗位要求，能履行岗位职责，经考核合格，工作需要的，续聘单位和受聘人员可在聘期结束前确定双方续聘关系。凡是达不到聘任条件，不能正常履行工作职责，不能完成工作任务，或考核结论为不合格的人员，聘任单位有权予以解聘。凡是不愿意继续履行聘任合同的聘任人员，可以提出辞聘申请，待聘任单位同意解聘后方能离岗。教师在聘期内，有下列情况之一的，受聘教师可以辞聘：学校违反聘任合同或国家有关法律、法规和政策；学校侵犯教师合法权益；教师申请离职去港澳台及国外学习、定居并获批准。

五、兼任教师聘任目的

兼任教师是指校外兼任我校教学、科研工作的知名学者或有其他特殊专长的教学人员，一般分为兼职教授、客座教授和名誉教授三类。

聘任兼职教授、客座教授、名誉教授目的在于加强学校同国内外专家、学者在教学和科研领域的密切交流与合作，吸引国内外杰出学者为我校的教育服务，进一步提高人才培养质量和科学研究水平，造就有国内国际领先水平的学科带头人，推动我校的建设与发展。

六、兼任教师聘任条件

1. 兼职教授聘任条件

1）业务基础扎实、学术水平突出，并具有正规大学或研究机构的教授或相当于教授职称的国内专家、学者。

2）本人所从事的专业和科学研究工作方向与我校相关学科对口。

3）能够为我校独立承担一门课程授课任务，教学效果好，或与我校合作培养研究生或合作承担重大科研项目，并做出较大贡献者。

4）对加强我校的国际学术交流、促进我校教育事业的发展做出过较大的贡献，并能继续为我校教育事业的发展做贡献。

2. 客座教授聘任条件

1）学术造诣深厚、有一定知名度，并具有正规大学或研究机构的教授或相当于教授职称的国内外专家、学者，或在办学资金、人才培养、实习基地建设等方面能给予学校具体支持，本人愿意与我校合作并愿意承担义务的国内外友人或海外知名人士。

2）本人所从事的专业和科学研究工作方向与我校相关学科对口。

3）能不定期来校参加短期工作。

3. 名誉教授聘任条件

1）学术造诣深厚，学术水平在国际上处于领先地位的国际知名的学术权威或专家，国际或国内某个学科的带头人，在某个学术领域中取得过突出的成绩，做出过较大的贡献。

2）本人所从事的专业和科学研究工作方向与我校相关学科对口。

3）能够对我校教学和科研工作做出重大贡献，并能继续为我校教育事业的发展做贡献。

七、兼任教师职责范围

1. 兼职教授职责

1）参加我校有关学科的教学和科研工作，并承担一门课程的授课任务。

2）对我校相关学院的人才培养方案、科研规划、科研课题和青年教师的培养等提出意见和建议，领导本学科领域内的课程结构调整，课程内容改革和教材建设，解答有关疑难问题。

3）与我校相关院系合作培养研究生或合作承担重大科研项目。

4）对我校的教学、科研工作进行指导，并给予必要的支持和帮助。

2. 客座教授职责

1）以各种方式扩大我校在国内外的影响。

2）参加我校相关学科的教学和科研工作，定期或不定期来校讲学或做学术报告，开展学术交流活动。

3）对我校相关院系的学科建设、教学、科研等给予具体指导，合作开展科研工作或联合申报国内外科研项目。

3. 名誉教授职责

1）参加我校有关教学、科研的重大活动，定期或不定期来访问或做学术报告。

2）对我校的教学、科研工作进行指导，并给予必要的支持和帮助。

3）积极推动我校与其所在高校或科研部门之间的交流与合作。

八、兼任教师聘任程序

1. 兼职教授聘任程序

1）兼职教授可以由学校聘任，也可以由相关学院聘任。

2）学校聘任的兼职教授，由相关单位向人事处提出书面申请并附上聘任对象的简历及有关材料，经学校教学工作委员会审议后，报校长办公会批准，由校长（或分管副校长）颁发聘书。

3）各学院聘任兼职教授，经学院教学工作委员会审议、学院党政联席会议研究决定，并附上聘任对象的简历及有关材料，报人事处备案，然后由相关学院颁发聘书。

4）兼职教授聘期一般为两年，聘任期满后，如需要可续聘，但必须办理续聘手续。

2. 客座教授聘任程序

1）客座教授的聘任，由学院或学校有关单位向人事处提出书面申请，并附上聘任对象的简历及有关材料，报校长办公会讨论批准。然后通知聘任对象，并由校长（或分管副校长）颁发聘书。

2）客座教授聘期一般为三年。聘任期满后，经双方同意可续聘，但必须按上述程序办理续聘手续。

3. 名誉教授聘任程序

1）名誉教授的聘任，由学院或学院有关单位向人事提出书面申请并附上聘任对象的简历及有关材料，报校长办公会讨论批准。然后通知聘任对象，并召开有上级主管部门领导出席的聘任大会，由校长颁发聘书。

2）名誉教授聘期一般为五年，聘任期满后，经双方同意可续聘，但必须按上述程序办理续聘手续。

九、兼任教师工作考核

兼职教授、客座教授、名誉教授职位试行聘期目标管理，人事处或国际合作与交流处每年对受聘的教授按合同确定的职位职责进行考核，考核结果作为续聘的参考依据。

十、外聘教师聘用条件

外聘教师是指编制不在本校又长期受聘于我校从事课程教学工作的人员。具体聘用条件：具有良好的政治思想素质和职业道德，热爱高等教育事业，关心我校的发展，愿意并且能够长期为我校的教学工作服务。具有较强的教学能力，教学效果好。身体健康，在聘期内能保证有足够的时间在我校工作。男性不超过65岁，女性不超过60岁。原则上须具备副高以上（含副高）职称、硕士以上（含硕士）学历，对急需的学科和专业可适当放宽职称和学历要求。

十一、外聘教师职责

贯彻国家的教育方针，遵守学校的规章制度，执行培养方案，履行教师聘约，认真完成各项教育教学工作。积极参加教学研究和教学改革，按要求编写教案，认真备课、授课，遵守教学进度和教学秩序，保质保量地完成教学任务。接受学校有关职能部门的检查、监督和考核。

十二、外聘教师聘用程序

1. 申报计划

各学院根据本单位教学需要，制订外聘教师计划，并于每年的5月底、11月底前将计划报人事处。

2. 学院考察

根据学校批准的外聘计划，各学院组织人员对外聘教师进行考察（含资格初审、试讲），并填写"江西师范大学外聘教师审批表"。各学院在表上签署意见后，连同拟聘人员的身份证、毕业证、学位证、职称资格证等材料的复印件一并报送人事处。

3. 学校审批

人事处会同教务处等职能部门对拟聘教师进行审核，报校长办公会研究决定，然后由学院与外聘教师签订聘请协议书。

十三、外聘教师管理与考核

1. 管理

为了改善专任教师结构比例，各学院原则上都应有一定比例的外聘教师。各学院每年应专门列出若干岗位用于外聘教师。外聘教师实行合约管理，每学期为一个聘期。

1）外聘教师统一纳入学校师资队伍管理，日常管理则由所在学院负责。

2）各学院建立外聘教师业务档案（一人一档）。

3）各学院每学期应对外聘教师的授课情况组织 1—2 次的考评，并把结果反馈给本人，以便外聘教师及时改进教学方法，提高教学质量。同时将考评结果记录业务档案作为学期考核的重要依据。

4）对未履行职责，不能完成教学任务，达不到教学要求的外聘教师，由学院予以解聘；出现教学事故的，按照有关规定进行处理。

2. 考核

分教务处考核和学院考核两种。

1）课堂教学考核：由教务处参照专任教师进行考核。

2）学院考核。①考核时间。考核按学期进行。每年的 1 月和 6 月由各学院对该学期外聘教师完成任务的情况进行考核。学期结束前，各学院填写好"江西师范大学外聘教师考核表"，报送人事处师资科。②考核内容。包括德、能、勤、绩四个方面，重点考核教学质量和教学效果。③考核等次。分为优秀、良好、合格、不合格四个等次。对考核优秀者，根据工作需要，在下次聘任时优先考虑；对考核不合格者，不再聘任。

第三节　教师工作职责

一、专业领衔

学校实行专业建设教授领衔制。具有教授职称的教师均有义务承担专业建设的领衔工作。

专业领衔教授应对领衔专业的建设规划及资源配置提出建议，对专业培养方案提出修订意见，对专业建设的经费使用提出处理意见；同时，负有专业培养方案具体编制、专业信息化建设等专业建设职责。

二、课程领衔

具有高级职称的任课教师均有义务承担课程建设领衔工作。

课程领衔教师负有相应课程的大纲编制、信息化建设、集体备课、教学研讨、教学观摩、教学改革、课程建设经费管理等职责。

三、备课

备课是教学环节中重要的一环，是圆满完成课堂教学和实践教学的基本保证，任课教师必须认真对待。

教师备课时要根据课程大纲的要求和课程培养方案的安排，深入钻研教材，认真备课，设计好教案，写好讲稿。

备课做到备内容、备教法、备学生，即在系统掌握、灵活运用教材内容的基础上，根据学生的学习基础和不同的教学内容采取不同的教学方法，并将最新研究成果不断充实于教学内容之中，备课强调教师个人钻研，同时加强教研室（或教学小组）的集体研究，集思广益，取长补短，共同提高。

教师上课前必须做好实验仪器及用品、教具、挂图等各项教学准备工作，使教学用具处于完好备用状态。

四、挂牌开课

教师开课按学分制培养模式要求通过挂牌选课进行。教师挂牌以课程任课资格和学院意见为依据。凡在岗的具有课程任课资格的教师，无特殊原因均应上网挂牌。挂牌教师向学生公布的信息主要有姓名、性别、职称、照片、E-mail、教学科研情况简介等。开课单位主要依据择优开课、统筹兼顾原则安排开课任务。教师有义务尽量满足学生的选课开班要求并服从开课单位的开课决定；同时，教师有权利根据实际情况反映自己的开课意向。对无正当理由拒绝开课者，开课单位应进行批评教育，对情节严重者，取消其任课资格。

五、课堂教学

课堂讲授是教学的基本形式和中心环节，是提高教学质量的关键，任课教师应以高度的责任感，认真搞好课堂教学，不断提高课堂教学质量。任课教师须认真践行课堂教学准则之师风五讲：一讲文明礼仪；二讲方法效果；三讲因材施教；四讲教学相长；五讲师表风范。课堂讲授的主要任务是根据课程大纲的要求，坚持传授知识、培养能力和提高素质的统一，向学生系统地传授该门课程的基本理论、基本知识和基本技能，开发学生的智能，进行科学世界观的教育，既教书又育人。任课教师必须认真对待每一堂课，要有明确的教学目的、任务和要求；要把握课程内容的重点和难点，讲究教学方法；要严格要求学生遵守课堂纪律，组织好课堂教学；要按照课程大纲的要求严格掌握教学进度。同一课程分班教学时，其教学目的、进度和主要内容应按统一的要求组织实施。应布置适量的课外作业（作文）；理工科要注重加强学生解题、运算、论证、实验（实践）等能力的训练，文科应着重加强课程作业和各种文体作文的训练。教师上课时应佩戴校徽，做到衣冠整洁，仪表端庄，举止文明；语言规范清晰，板书清楚规范，掌握现代化教学手段。课堂上不得使用干扰教学秩序的通信工具等电子设备。课程结束后，任课老师要认真总结教学任务的完成情况，教学中的经验和体会，存在的问题，今后的打算等。教研室主任要定期组织教研活动，听取任课教师的教学工作汇报。

六、专题讲座

具有副教授以上职称或博士学位的教师应积极开设学术讲座。教师开设学术讲座须由教务处组织专家审核同意。申报开设学术讲座的程序为：申报教师填写"江西师范大学学术讲座申报表"，各学院组织人员对教师申报情况进行审查，并将审查结果报教务处，教务处组织专家评审并将全校各类讲座开设安排经由各学院通知申报教师。学术讲座原则上在"双休日"或其他课余时间开设。学校鼓励教师开设有助于提高学生人文和科学素质的高层次学术讲座，讲座内容一般以综合性、理论性或学科交叉性为主，不与课堂教学内容重复。讲座费按学校有关规定另行计发工作量津贴。

七、课堂讨论

课堂讨论是在教师指导下，学生通过讨论进行学习的教学形式。课堂讨论的目的是巩固加深学生所学内容，启发学生的独立思考和创造精神，提高自学能力。综合运用知识能力和口头表达能力。课堂讨论的选题要根据教学内容和要求，选择具有思考性，综合性和理论联系实际的题目，要体现教材的重点和难点、本质内容及内在联系。教师要在讨论前拟定讨论题并发给学生，要周密设计讨论的内容、要求、步骤，思考如何引导及可能出现的问题。要指导学生按要求认真钻研教材，撰写好讨论发言提纲。讨论要在教师指导下有组织地进行。教师要参加讨论的全过程，要善于抓住关键，及时引导学生围绕主要问题展开讨论，启发学生积极思考，踊跃发言，鼓励学生发表不同的见解，活跃学术气氛。讨论课宜小班化或分小组进行，以便使每个学生都有发言的机会。讨论结束后教师要认真做好总结，要抓住讨论过程中的主要问题、关键性的本质问题及争论的焦点，进行明确的归纳概括并上升到理论。教师应根据每个学生的发言情况、掌握运用知识和分析解决问题的能力评定成绩，作为学生平时或学期成绩。

八、实验教学

实验教学是课堂教学的延续，是教学过程的重要组成部分，是在教师指导下对学生进行基本技能训练的主要环节。实验教学的基本任务是使学生掌握实验方法和操作技能，巩固和验证课堂讲授的理论知识，获得独立测量、观察、处理实验数据、分析实验结果、撰写实验报告等能力，培养学生独立进行科学实验研究的能力、严谨的科学态度和创造能力。实验课教师应由业务好、实验能力强的教师担任，并主持该课程的实验。主讲理论课的教师必须经常参加实验，主动与实验课教师配合，防止和实际脱节。实验教师在每次实验前要做好预备实验，实验员要积极主动地配合实验教师认真做好仪器、药品、标本等各项准备，确保学生实验正常进行。实验前应检查学生预习情况，合格者方准进行实验，要向学生扼要讲清实验原理、目的要求、操作规程及实验中应注意的事项，实验过程中要加强检查指导，观察、记录并评定学生操作情况。对未按实验要求进行实验、违反操作规程或者实验结果误差较大的学生应令其重修；对实验不严肃认真，经批评教育又未改正者应停止实验。实验结束后，要求学生整理实验仪器设备、药品和实验场地，教师要检查仪器设备的完好程度，经同意后学生方能离开实验室。教师要认真批改学生的实验报告（批改数量及要求见"批改作业"一款）。对不符合要求或抄袭他人的实验报告，一律退回重做，对抄袭者须予以严肃批评。实验教师对学生实验课要进行全面严格的考核。单独设置的实验课，按一门课程考核记载成绩，不单独开设的实验课，应根据实验在课程中的地位和比重，按规定选择实验成绩占课程成绩的百分比。实验成绩主要依据学生独立完成实验的情况（包括实验仪器操作使用技能的掌握、实验方法的运用、实验过程的顺利程度等），实验报告的质量和学生的实验态度进行评定。

九、课外指导

课外学习指导的重点是培养学生自我获取知识的能力和具有个性的良好学习习惯，主要内容是：指导学生制定自学计划；指导学生阅读教材和参考书，查阅文献资料；指导学生掌握学习规律和较高效率的学习方法等。任课教师要充分利用网络平台加强与学生的课外交流。教师要安排时间面对面对学生进行辅导答疑。课程的辅导教师要随班听课，了解教学内容，及时收集学生对教学的意见和要求，并反映给任课教师，以改进教学。任课教师应根据本课程的性质和特点，为学生开列必读的书目，要求学生做读书笔记、资料卡片等；确定课堂讨论的内容和次数。文科还应明确规定"读、写、议"的各项要求。学生课外学习应按平时成绩进行考核，并在课程学习总成绩中占有一定的比例。教研室负责人应经常了解学生课外学习情况，检查本室（组）教师指导学生阅读参考书、做读书笔记的情况。

十、作业布置、批改和讲评

作业一般分为课内作业和课外作业，布置课外作业要符合课程大纲的要求，并与课内作业保持内在联系，使课内、课外的学习互相促进，掌握知识和发展能力互相结合；课外作业的难易和分量要适度，形式要多样；布置作业应有明确的要求与必要的指导，注意培养学生进行课外作业的良好习惯。教师要严格要求学生认真完成作业，对不按时完成作业的要批评教育，经教育不改者，应降低其平时成绩。批改作业是检查学生学习情况，督促学生认真学习的手段之一。教师要认真及时地批改作业。对作业中的错误应督促学生自己纠正，对不合格的作业应退回重做。基础课、主干课的作业教师应予以全部批改，其他课程的作业批改量不得少于全部作业的 1/3。学生完成作业的情况应记入平时成绩，对无故缺交作业超过布置作业量 1/3 以上者，教师应在期终考试前两周促其补交，否则应取消其考试资格。对于学生作业中出现的倾向性问题，教师应安排教学时间进行公开讲评。

十一、命题与试卷编制

全校同一学期，同一课程，实行全校同一试卷考试。必修课考试实行教考分离，统一命题。选修课鼓励教考分离。

已建立试题（卷）库的考试课程，应使用试题（卷）库，考试前，由教务处随机抽题组卷或随机抽取一份试卷作为考卷。

未建立试题（卷）库的考试课程，必须编制题量和难度相当的 A、B 两套试卷（命题时须明确标识）。每份试卷须同时提供所有题目详细的参考答案及评分标准。同一课程 A、B 两套试卷难度、题量、范围等应大致相当，两套试卷的试题重复率不得超过 15%。任意一套试卷与近两年所用试卷的试题重复率不得超过 30%。

理论考试命题以课程大纲为依据，试题内容要求覆盖面广，有明确的考核重点，各部分考核比重分布合理。题型要多样化，既要重视考核学生对基本概念、基本理论和基本技能的掌握程度，也要注重考核学生综合运用所学知识分析问题、解决问题的能力，应达成合理的信度、效度、难度和区分度。

实践技能性考试命题以实验（实训）大纲为依据，要有考核规范，抽签型试题的命制应力求每份考签的试题分量均衡，难易适中，具有适当的覆盖面，考签的数量应不少于应考学生数的 1/2。要对每个考生的考核过程或结果形成记录。

试题量与考试时间的长短相适宜。每场笔试时间一般为 100 分钟。个别课程如有特殊需要，经分管教学院长审核并报教务处批准后，可以适当调整考试时间（应在试卷上注明），但不得少于 60 分钟或超过 150 分钟。实践技能性考试时间由课程所属教研室统一制定，一般每人至少 10 分钟。

命题时既要重视内容质量，也要重视试卷编制的科学和规范，试卷以试题为单位组成，试卷样式由教务处负责统一设计。教师须使用学校统一印制的试卷纸编制试卷，命好的试题应按规定格式打印。为节约印刷版面，试卷上不留答题空间（答题纸将由教务处统一提供）。为提高命题水平和质量，公共必修课应逐步建立题库。各专业每学期至少建立一门以上课程的题库，并重视已有题库的维护更新。

试卷命制好后应有试做环节，确保试卷准确无误、题量与限定时间相匹配，命题人、试做人、教研室主任或教学院长必须签字确认。考试工作结束后，学校应组织专家对试卷进行随机检查评估，存在严重质量问题的，试卷评估不合格，对命题教师及开课单位以教学事故论处。

试卷由教务处统一印制、装订、密封和保管。制卷小组要有严明的岗位职责和保密纪律，保证试卷的印制质量，对违反纪律者要作严肃处理。

为做好试卷交接和试题保密工作，应严格控制接触试题人员范围，严格规范试卷交接程序。原则上只允许命题教师、教学秘书或教学干事、分管教学院长和教务处有关考试管理人员接触试题；试卷交接必须当面清点、签字、封存。严明试题保密纪律，接触试题人员不得以任何方式泄漏试题内容，违者按重大教学事故论处。

其他有关命题及其试卷质量标准要求详见**附件 21"江西师范大学试卷质量标准"**。

十二、监考

监考工作是教学任务的重要组成部分，是每个教师应尽的职责，必须严格按照规定认真完成。监考人员应事先明确自己监考的校区、时间及考场，于考前半小时到指定地点领取试卷，考前 15 分钟到达考场进行清理并编排座位。开考前核查考生的证件及身份，向考生宣读《江西师范大学考场规则》、强调考试纪律和有关注意事项，提醒考生将书包、讲义、笔记、无线通信工具（要求关闭）等物品放在指定位置。考试开始前 5 分钟，准时发卷；考试开始时，提醒考生开始答题；考试结束后，当场清点考卷。

监考人员应认真督促考生遵守考试纪律，对违反考场规则的考生，可令其退出考场；迟到 30 分钟以上的考生，不允许其入场，以旷考论处。如发现考生有违纪或作弊苗头，应立即给予口头警告；如发现考生有作弊行为，要当场认定并没收作弊物证，如实填写"考场情况登记表"并要求学生签名确认，对旷考、违纪、作弊的学生及主要情节应作明确的记录和认定（两人同时签名确认），并注意保存作弊证据，必要时应要求考试违纪者配合取证。考试结束后，监考人员须将"考场情况登记表"和有关物证及时交教务处，教务处将有关情况汇总后向全校通报。

监考人员应严格遵守教学纪律，认真履行监考职责，并积极配合巡视和督察人员履行职责。在考场内原则上应保持一前一后的站位，不能做与监考无关的事情，自始至终维持好考场秩序。若不认真履行职责，如迟到缺席、看书看报、聚集聊天、擅离职守、使用手机、睡觉、看窗外、给学生暗示答案、擅自请人代监考，对考场上的违纪作弊行为不加制止，或不如实记录，或隐瞒不报等，一经查实，视情节给予通报批评直至以教学事故论处。

十三、成绩评定、提交与试卷分析

凡课程都要进行期末考核，任课教师必须适时向学生宣布成绩评定办法，并为学生做出成绩评定，期末考试后四天内（个别考试课程人数较多的在一周内）任课教师应在教研室组织下完成所有阅卷、成绩提交和试卷分析工作（均通过"教务在线"，详见**附件 21"江西师范大学试卷质量标准"**）。

试卷评阅应严格按照参考答案和评分标准进行。评阅须用红色钢笔或水笔批改，评阅过程中统一给正分，切实做到严格、公正，无误判，加分记号清楚，并填写好题首分，所得总分应等于各题得分的总和。平时成绩、实践成绩和卷面折算成绩不能写在答题卷上。阅卷结束后，评卷教师必须在原答题卷册封面上的相关栏目中签名。所有评分或成绩涂改处均应有经办人签名。

成绩提交须在学院（部）统一组织下进行。平时成绩应在考试开始前一天完成提交。试卷成绩一般在考试结束后三天内，通过集体拆封试卷并完成所有成绩的网上提交。每门课程卷面分、原始成绩单、网上登录的成绩三者要一致。任课教师在完成成绩提交后，应及时打印纸质成绩登记表（一式两份）并经任课教师、教研室主任确认签名和教学院长审核后交教学秘书归档。

成绩一经提交，任何人不得更改。如因特殊情况确需更改成绩，须通过主讲教师书面说明更改原因及更改前后的成绩，经院长签字同意，再经教务处审批后方可办理有关成绩更正手续。任课教师如不按时登记和上交所任课班级的成绩，即以本学期未按时完成教学任务论，由此而产生的后果由任课教师负责。

试卷分析是任课教师课程教学工作必要环节，凡课程考核均应有完整的过程记录和成绩分析。任课教师在完成试卷评阅和网上提交成绩后，应及时通过"教务在线"网上试卷分析系统对所任课程学生总体成绩及考试情况进行系统分析，最终形成统一的试卷分析报告。打印后交学院教学秘书进行试卷归档。

十四、实习指导

讲师或具有主讲教师资格的教师，每年要轮流担任实习的指导工作；助教原则上只能作实习指导教师的助手。实习指导教师负责组织和指导学生完成大纲所规定的实习任务，解答和解决学生在实习过程中遇到的疑难问题。实习中遇到重大问题应及时向学院或学校报告。实习计划和书面总结由主持实习的教师执笔，经学院分管教学领导审阅后，报教务处备案。

其他要求详见第五章第八节。

十五、毕业设计（论文）指导

指导教师原则上由讲师以上职称的教师担任。助教不能指导毕业设计（论文）。毕业设计（论文）实行指导教师责任制，其职责：根据选题原则，拟出选题题目并附选题的主要内容、依据、目的、要求、现有物质条件等提供给教研室进行选题论证。指导学生明确毕业设计（论文）的目的、任务、要求和方法，帮助学生开展选题。在指导方法上，应立足于启发引导，充分发挥学生的主动性和创造精神，及时介绍有关文献资料，指导学生收集并运用资料开展研究，做到既不包办代替，也不放任自流。对学生能力的培养和素质养成贯穿于指导的全过程。根据题目任务与要求，认真编写指导方案、制定指导计划，填写学生毕业设计（论文）的任务书，指导学生做好开题报告，审查学生提出的毕业设计（论文）的总体方案、方法及手段（对多人承担的题目，必须让学生既参与总体方案的选择，又有符合工作量要求的独立完成部分）。定期检查学生毕业设计（论文）进度和质量，对毕业设计（论文）中重大原则性错误必须及时指出，对学生在完成毕业设计（论文）过程中有关方案、理论、观点或实验设计与分析报告等应作认真的审查与指导。对学生的工作态度、能力水平、设计（论文）质量及应用价值等进行实事求是的评定，写出评语，给出成绩。收集、核对并转交学院所指导学生的毕业设计（论文）存档材料及电子稿。收集能体现出毕业设计（论文）质量的材料。对盲审结果进行分析。其他要求详见第五章第九节和**附件 9"本科生毕业设计（论文）基本规范要求"、附件 10"本科生毕业设计（论文）各级管理职责"**及**附件 11"本科生毕业设计（论文）过程管理手册"**。

第四节　教学工作考核

一、课堂教学质量评价

（一）评价对象、内容与周期

1）评价对象为学校全体在职在岗专任教师（其他承担学校全日制本科课堂教学任务的兼职、外聘教师参照本办法执行）。

2）评价内容为本科教学的课堂教学工作。评价指标内涵分学生和学院两类（详见**附件 5"江西师范大学课堂教学质量评价指标体系"**）。

3）评价工作每年进行一次。其中课堂教学学生评价以学期为单位组织。

（二）评价原则

1）公开、公平、公正评价原则。

2）主体参与多元性，操作简练性原则。

3）定性与定量、等级制与百分制相结合原则。

（三）评价主体、内容、组织与程序

1. 评价主体与内容

参与本科课堂教学质量评价（简称评教）主体有教师本人、学院（含同行及专家）、学生等三类。各类主体主要评价内容与办法如下。

1）自我评价。教师本人主要评价爱岗情况，彰显教学情感。提倡教师通过教务在线"评教系统"对自己所承担的课程教学进行总结和反思，查找教学过程中存在的问题和不足，分享教学过程的成功体验。

2）学院评价。学院主要评价敬业情况，落实教学责任。各教学单位可根据本单位实际，灵活运用个体与集体相结合等方式方法开展综合评价。为保证学院间评价结果基本一致，评价方式采用等级计分制，同时限定优良等级比例。学院领导、系主任或教研室主任、课程负责人或学院本科教学质量评价成员应根据教师承担教学任务的轻重、态度和履职情况（如调停课率、学生教学反映），以及教学规范程度（备课、布置批改作业、课外辅导、成绩录入、试卷评判与分析等）做出评价。学院在进行评价时，应综合考察教师学科特点和承担教学工作量多少等因素，并重视听取校教育教学评估中心专家意见。

3）学生评价。学生主要评价过程情况，突出教学效果。学生网上评教作为一项常规教学质量监控方式，每学期进行一次。各学院应按教务处的统一安排，组织本学院全体选课学生对所修读课程的任课教师进行网上评教。学生网上评教采用优选法，即要求学生分评价指标体系，对所有任课教师先进行定性优良排序再按等级制定量评分（系统适当限定优良比例及相应最高评分等级）。统计学生评教成绩时，系统先将等级制转换成百分制再舍弃最高和最低分各 10% 后取平均值。

2. 评价组织与程序

教务处具体负责组织开展评教工作。评教工作要充分发动群众依靠群众，充分调动学院教学管理积极性，充分利用信息技术构建并维护好网上评教系统。

各学院应高度重视评教工作，并根据各自实际情况制定切实可行的具体实施细则，按照学校统一布置，及时组织完成相关评教工作。

每学期补退选结束后，教务处应及时开放学生网上评教系统，接受广大师生对教学管理运行的公开监督，引导学生积极参与、教师正确对待教学过程的语义评价。学期结束前，教务处应及时关闭教师查看学生评教结果功能，组织开展学生评教，统计、分析学生评教数据。

教务处在组织开展年度教师本科教学评价工作时，应有序开放评教系统各级各类功能，适时将学生分学期课堂教学评价结果反馈到各学院，学院再以适当方式通知到任课教师本人。教育教学评估中心负有评价工作的指导、监督职能，教务处应及时汇总全校评教结果并上报校教学评议会审议。

3. 评价成绩计算办法与评价结果

本科课堂教学质量评价成绩计算办法采用百分制与等级制相结合办法。等级制分优秀、良好、合格、不合格 4 个等级，其转换成百分制时相对应分值分别为 90、80、60、50。评价结果优秀等级比例不得超过 20%（连续 3 年获优不占指标），合格与不合格等级比例不得低于 10%。

本科课堂教学质量评价成绩由"学院评价"（30%）、"学生评价"（70%）组成，教师本人的"自我评价"不计入总评，可作为学院或学生评价的参考。

学生评价时，同一教师讲授多门次（或多班次），其课堂教学质量评价结果取各门次（班次）评价结果的平均值。

（四）评价结果运用

评教工作是学校教学工作的重要组成部分，评教结果（以百分制成绩为主，等级制为辅）与教师年度聘期考核、职称评聘挂钩。对评价结果为优秀的教师，其课程教学质量系数定为 1.1，或给予教学质量奖励。

对评价结果为不合格的教师，一次不合格者，学院应给予黄牌警告，纳入学院"帮扶"对象；两次不合格者，学院应对该教师实施取消任课资格作停课处理，并通过令其听课、自费进修等限期整改，整改结束后，可由本人申请，重新认定任课资格；累计三次不合格者，必须转换至非教学岗位。

二、教学工作量核算

（一）教学工作量

为充分调动广大教师从事教学工作的积极性，不断提高教育教学质量，科学合理地衡量教师教学工作的绩效，教学工作量计算以学分为基础，以标准课时为基本计量单位。1 标准课时约为教师从事本科教学一般理论课程标准班级规模教学授课1 节，包括备课、批改作业等基本教学环节的工作量。各类教学工作均通过实际授课课时与相应课型系数、规模系数、重复班系数和质量系数相乘换算成标准课时。

教学工作量分为课堂教学工作量、教学研究工作量、教学指导工作量和教学基本建设工作量（图 4-1）。其中课堂教学主要指培养方案中有学分的课堂教学，分理论教学和实验、实训教学两大类；教学指导工作主要指实习指导、毕业设计（论文）指导、学生"第二课堂"活动等；教学研究工作主要包括教学研究课题申报立项、教学研究论文及教材等教学资源建设；教学基本建设工作主要包括教学组织建设、专业建设、课程建设、学术讲座、入学教育、毕业教育、选课指导、就业指导、形势与政策课等。

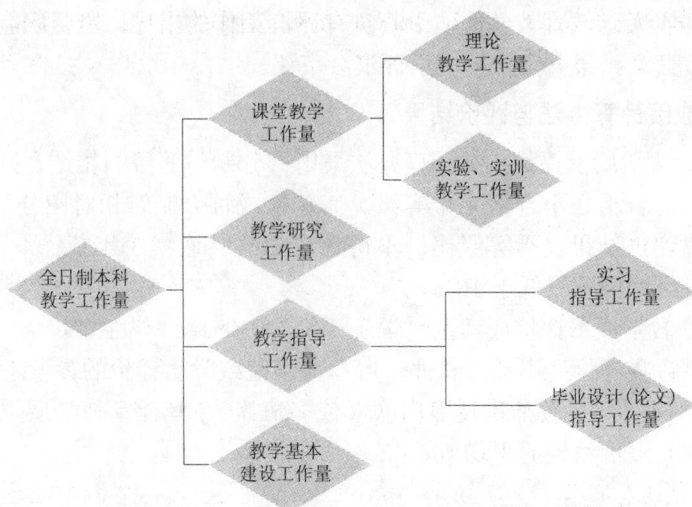

图 4-1　全日制本科教学工作量构成

1. 理论教学工作量计算办法

理论教学工作量 = 周课堂学时 × 实际授课周数 × 课型系数 $K1$ × 规模系数 $K2$ × 质量系数 $K3$

课型系数 $K1$ 的确定：一般课程为 1.0；全双语教学课（选用外语教材，全部使用外语板书、外语讲授、外语考核的非外语类课程）为 2.0；半双语教学课 [选用外语教材，使用外语板书、外语讲授、外语考核等达该课程课时的 50% 以上（含 50%）的非外语类课程] 为 1.5。

规模系数 $K2$ 的确定：25~60 人（一般要求不少于 30 人）的教学班为 1.0；大于 60 人的教学班，必修课和专业选修课按每增加 10 人递增 5% 计算，公选课按每增加 20 人递增 5% 计算。规模系数 1.5 封顶。

质量系数 $K3$ 另文规定，在相关文件出台前，以 1 计算。下同。

2. 实验、实训教学工作量计算办法

实验、实训教学工作量 = 实际课时 × 课型系数 $K1$ × 规模系数 $K2$ × 质量系数 $K3$

课型系数 $K1$ 和规模系数 $K2$ 的确定：

1）特殊实验（实训）课，如《近代物理实验》《体操（主项提高）》等（具体由校教学工作委员会认定），课型系数 $K1$ 为 1.0，规模系数 $K2$ 的确定：小于 10 人的教学班为 0.9，10~20 人的教学班为 1.0；大于 20 人的教学班，按每增加 2 人递增 5% 计算。规模系数 1.3 封顶。

2）一般实验（实践）课、公共体育课课型系数 $K1$ 为 0.9，规模系数 $K2$ 的确定：小于 18 人的教学班为 0.9，18~30 人（一般要求不少于 25 人）的教学班，为 1.0；大于 30 人的教学班，按每增加 3 人递增 5% 计算。规模系数 1.3 封顶。

3）上机课课型系数 $K1$ 为 0.9，规模系数 $K2$ 的确定：小于 30 人的教学班为 0.9，30~60 人（一般要求不少于 40 人）的教学班为 1.0；大于 60 人的教学班，按每增加 10 人递增 5% 计算。规模系数 1.3 封顶。

4）音乐单人课课型系数 $K1$ 为 0.7，双人课课型系数 $K1$ 为 0.8，小组课（10 人左右）课型系数 $K1$ 为 0.9，规模系数 $K2$ 为 1.0。

3. 实习指导工作量计算办法

实习教学工作量 =21 课时 × 实际指导周数 × 课型系数 $K1$× 规模系数 $K2$

课型系数 $K1$ 和规模系数 $K2$ 的确定：

1）实地集中实习指导课型系数 $K1$ 为 0.6，规模系数 $K2$ 的确定：10 人以下（含 10 人）为 1/10× 学生人数；大于 10 人的，按每增加 1 人递增 5% 计算。规模系数 1.5 封顶。

2）远程分散实习管理及指导工作量 =1× 学生人数，一名教师远程管理及指导实习学生数一般为 20~30 人，最多为 40 人，超过 40 人的以 40 人计算工作量。

3）社会调查、野外写生等野外实践教学课型系数 $K1$ 为 1.0，规模系数 $K2$ 的确定：野外写生为 1/20× 学生人数，大于 20 人的，按每增加 2 人递增 5% 计算；社会调查等野外实践教学为 1/30× 学生人数，大于 30 人的，按每增加 3 人递增 5% 计算。规模系数 1.5 封顶。

4. 毕业设计（论文）指导工作量计算办法

每完成指导 1 人毕业设计（论文），计 15 个非课堂教学课时。

（二）教学研究工作量核算

1. 教改项目工作量计算办法

申请工作量：

1）国家本科教学工程等重大教学项目 80，其他国家级教学项目 40。

2）省级本科教学工程等重大教学项目 40，其他省级教学项目 20。

3）校级本科教学工程等重大教学项目 20，其他校级教学项目 10。

立项工作量：

1）国家本科教学工程等重大教学项目 400，其他国家级教学项目 200。

2）省级本科教学工程等重大教学项目 200，其他省级教学项目 100。

3）校级本科教学工程等重大教学项目 100，其他校级教学项目 50。

结题工作量：

1）国家本科教学工程（如国家精品资源共享课 / 精品视频公开课程、实验教学示范中心、规划教材等）等在教育部评选获得的重大教学项目参照教育部人文社科重大招标项目标准 400，国家本科教学工程的其他项目参照教育部人文社科重点项目标准 300，其他国家级教学项目参照教育部人文社科项目标准 160。

2）省级本科教学工程等重大教学项目参照省社科规划重点项目标准 100，其他省级教学项目参照省社科规划一般项目标准 80。

3）校级本科教学工程等重大教学项目参照厅（局）级各类重点项目标准 60，其他校级教学项目参照厅（局）级各类一般项目标准 40。

2. 教改成果工作量计算办法

获奖类：

1）国家教学成果奖参照中国高校人文社会科学研究优秀成果奖的标准：一等奖 1200，二等奖 800。

2）教育部等部委其他教学奖励参照省部级科学技术奖的标准：一等奖 800，二等奖 400，三等奖 200。

3）省级教学成果奖参照省社会科学优秀成果奖的标准：特等奖 800，一等奖 400，二等奖 200，三等奖 100。

4）省级优秀教材奖等其他省级教学奖励参照省高校优秀成果奖的标准：一等奖 100，二等奖 50，三等奖 25。

论文类：

发表教学研究论文参照发表学术论文的标准：A 类 200，B 类 150，C 类 40，D 类 20。

3. 教材建设工作量计算办法

1）编写教育部规划教材，每 10 万字计 120 非课堂教学课时。

2）编写国家教指委或省教育厅规划教材，每 10 万字计 100 非课堂教学课时。

3）编写学校规划教材或学校优秀教材，每 10 万字计 70 非课堂教学课时。

4）编写出版校内使用教材实行申报审核制，学院教学工作委员会负责审议教材编写提纲，教务处组织专家负责审核，审核通过并使用后视为校规划教材。

5）申报教材工作量时，需提供高校教务处提供的使用证明和订购册数。

（三）教学基本建设工作量

1）教学组织建设工作量计算，每年专业负责人按 60 非课堂教学课时、教研室主任按 40 非课堂教学课时核算。

2）专业建设、课程建设、学术讲座、入学教育、毕业教育、选课指导、就业指导、形势与政策课工作量计算视实际工作情况审核。

（四）课堂教学工作总量封顶

为保证课程教学质量，原则上每位教师每学期授课门数不得多于 3 门，周课时不得多于 20 课时，年课堂教学工作总量不得超过 800 标准课时。

三、本科教学业绩综合评价

（一）评价对象

评价对象为学校在职在岗专任教师从事全日制普通本科教学工作的业绩。（因合理原因在岗仅有半年者，经个人申请学院审核人事处批准，其课堂工作量可以按其前三年平均工作量参与计算）

（二）评价内容

评价内容由本科课堂教学工作量、课堂教学质量评价、教学研究工作量和其他教学工作量四部分组成。

（三）评价方法

1）教师本科教学业绩综合评价由教务处负责，每年组织一次。

2）教师年度本科教学业绩计算方法采用标准分加权平均法计算。其中课堂教学工作量占比40%、课堂教学质量评价占比40%、教学研究工作量占比10%、其他教学工作量占比10%。

3）教师本科教学业绩综合评价工作与年度绩效考核同步进行，评价结果与工作量核算同步公示，教师对评价结果有异议可在公示期间申诉，仲裁工作由校教学委员会负责。

4）计算方法分五步。

第一步，明确全校各学院全年在职在岗专任教师人数（须有课堂教学质量评价）。

第二步，在全校范围内统计教师教研工作量标准分（Y）。

第三步，在各学院范围内分别统计教师课堂教学工作量标准分（K）、课堂教学质量评价标准分（P）和其他教学工作量标准分（Q）。

第四步，依四部分占比加权平均汇总标准分（D）。

第五步，计算T分数。

5）计算公式如下。

$$T = M + 10 \times D$$

$$D = K \times 40\% + P \times 40\% + Y \times 10\% + Q \times 10\%$$

$$Z = (x - \mu) / \sigma \quad (Z = K, P, Y, Q)$$

$$\sigma = \sqrt{\frac{1}{N} \sum_{i=1}^{N} (x_i - \mu)^2}$$

其中，M为T分数平均值（标准为50，取75更直观），N为教师数，x为某教师某单项数值（原始值或其对数变换值），μ为该单项样本平均值，σ为该单项样本标准差。

计算样例见表4-1。

表 4-1　教师教学业绩综合评价计算样例

单位	姓名	教研工作量	课堂工作量	其它工作量	质量评价	教研标准分	排名	课堂标准分	排名	其他标准分	排名	质量标准分	质量排名	总标准分	T分数	总排名
××学院	钱三	10	286.35	235.32	98.387	1.260 902 629	5	0.654 947 096	3	0.635 894 899	28	1.755 085 435	2	1.153 692 765	86.53 692 765	1
××学院	李三	0	244.8	160.32	98.701	-0.410 110 453	6	0.501 976 687	6	0.304 761 466	25	1.88 283 157	1	0.943 388 996	84.43 388 996	2
××学院	李二	0	304.3	155.32	97.714	-0.41 010 453	6	0.714 294 711	2	0.27 745 463	29	1.481 285 598	4	0.864 967 134	83.64 967 134	3
××学院	钱四	15	285.6	160.32	96.247	1.522 013 047	2	0.65 238 738	4	0.304 761 466	27	0.88 445 891	6	0.797 415 967	82.97 415 967	4
××学院	孙三	0	241.4	205.32	96.53	-0.41 010 453	6	0.488 334 235	8	0.518 151 224	23	0.999 593 165	5	0.60 597 563	81.0 597 563	5
××学院	李二	35	53.55	115.32	97.744	2.087 121 211	1	-0.972 460 615	26	0.21 114 496	5	1.493 490 643	3	0.419 235 582	79.19 235 582	6
××学院	周五	15	210.7	185.32	94.531	1.522 013 047	2	0.355 700 468	9	0.429 718 669	22	0.18 633 035	11	0.411 985 499	79.11 985 499	7
××学院	孙二	0	243	100.32	95.562	-0.41 010 453	6	0.49 477 789	7	-0.98 626 344	24	0.605 777 055	9	0.38 934 889	78.8 934 889	8
××学院	钱五	0	441.6	115.32	93.787	-0.41 010 453	6	1.078 027 843	1	0.021 114 496	30	-0.11 635 476	15	0.34 577 023	78.4 577 023	9
××学院	李四	0	115.6	235.32	95.995	-0.41 010 453	6	-0.228 453 209	19	0.635 894 899	12	0.781 936 534	7	0.243 972 367	77.43 972 367	10
××学院	孙一	0	204	145.32	94.326	-0.41 010 453	6	0.324 201 743	11	0.220 117 957	20	0.102 929 211	12	0.151 853 724	76.51 853 724	11
××学院	赵一	0	153	275.8	94.288	-0.41 010 453	6	0.044 028 014	15	0.773 022 744	16	0.087 469 487	13	0.088 890 822	75.88 890 822	12
××学院	李五	0	190.4	100.32	94.138	-0.41 010 453	6	0.256 969 127	12	-0.098 626 344	19	0.026 444 264	14	0.062 492 269	75.62 492 269	13
××学院	张一	15	34	160.32	95.749	1.522 013 047	2	-1.40 710 278	30	0.304 761 466	1	0.681 855 167	8	-0.107 421 594	73.92 578 406	14
××学院	赵一	0	155	100.32	93.574	-0.41 010 453	6	0.056 666 021	14	-0.098 626 344	17	-0.203 010 578	19	-0.10 941 091	73.9 058 909	15
××学院	孙四	0	136	130.32	93.601	-0.41 010 453	6	-0.070 537 781	16	0.126 311 442	15	-0.192 026 037	18	-0.133 404 836	73.66 595 164	16
××学院	张二	0	90	115.32	94.638	-0.41 010 453	6	-0.471 244 362	23	0.021 114 496	8	0.229 861 676	10	-0.135 452 078	73.64 547 922	17
××学院	赵三	0	209.25	160.32	92.195	-0.41 010 453	6	0.348 968 951	10	0.304 761 466	21	-0.764 035 801	24	-0.176 561 047	73.23 438 953	18
××学院	孙五	0	247.5	100.32	91.764	-0.41 010 453	6	0.512 676 636	5	-0.098 626 344	26	-0.939 381 611	25	-0.221 555 077	72.78 444 923	19

（四）结果运用

教师本科教学业绩综合评价结果是教师职称评审、岗位聘任和有关评优评先的重要依据。评价结果记入教师本人业务档案。

四、教学突出业绩奖励

（一）总则

本奖励是学校教学评价机制的重要组成部分，是学校现有教学工作量核算办法的重要补充，旨在奖励教师在教学实践、教学研究与教学建设等方面取得的突出业绩。

奖励方式坚持精神奖励与物质奖励并举原则，对在该年度取得奖项的个人、团队与单位颁发荣誉证书，对获得校级以上"教学名师"与"教学终身成就奖"的教师在图文信息中心大楼悬挂肖像。对学院的教学奖励随年终绩效考核进行，仅用于学院全体专任教师；对项目组及个人的教学奖励一般与科研突出成果等奖励一并在教师节表彰大会上进行。受奖单位和个人在评优评先或职称评定时享有同等条件下的优先权。

（二）奖励类型和标准

本科教学突出业绩奖励分为"教学质量奖""教学成果奖""教学竞赛奖"三类。

"教学质量奖"包括"学院本科教学核心指标奖""专业综合评价优秀奖""专业综合评价进步奖""十佳百优"（名师奖）和"星级课程"（教学奖）五项。

"教学成果奖"包括"优秀教学成果奖""本科教学工程项目奖""优秀教材奖"和入选"国家教学指导委员会委员"四项。

"教学竞赛奖"包括教师个人参加指定教学竞赛的"参加竞赛奖"和教师指导学生参加指定教学竞赛的"指导竞赛奖"两项。

（三）奖励审批程序

奖励对象均应以江西师范大学名义独立署名或名列第一的教学业绩。相关业绩获取后，责任人须备相关材料的原件及时到教务处登记备案。各类奖项的计算时间为上一年的 9 月 1 日至当年的 8 月 31 日（以文件或获奖证书为准）。

教务处负责汇总各类教学业绩，依据学校规定适当调整奖励项目和标准并提出奖励方案，经分管校领导审核同意后报校长审批。

本奖励所列同一项目奖金（税前）不可复得，且同一项目奖金就高不就低，具体分配办法由学院或项目负责人制定后报学校执行。

（四）附则

获奖教学业绩必须真实可信，凡弄虚作假者严格按学校有关学术道德规范处理办法处理。对业绩认定有异议的，由校教学工作委员会负责仲裁。

第五节　教学研究

一、教学研究课题立项

教学研究课题是指为探索教育教学及其管理规律而设计的，具有独创性、新颖性、实用性、可行性，并对提高教育教学质量、实现人才培养目标具有重要意义的研究方案。主要包括：根据教育教学规律和人才培养要求，在改革课程体系，优化培养模式，全面提高学生素质，增强学生创新能力等方面的研究。针对教育对象和学科的特点，在转变教育观念，更新教学内容，改进教学方法，运用现代教学手段，强化实践教学等方面的研究。按照高等教育教学管理规律，适应高等教育发展的新形势，结合学校自身特点，在规范教学管理，促进校风建设，实现教学管理的科学化和现代化等方面的研究。

二、教学研究课题分类

教学研究课题立项含各类专题研究、各级本科教学工程项目及其培育项目等，可分一般、重点和重大招标三种。重点课题是指在提高教育教学及其管理水平、培养高素质人才等方面具有全局性且推动作用很大的研究课题，其中需要专题立项加强研究的可设重大招标课题。

三、教学研究课题的申报和审批

教学研究课题实行课题负责人制度。符合下列条件者，可作为课题负责人：

1）坚持四项基本原则，热爱教育事业，具有良好的思想品德，为人师表。

2）直接承担普通高等学校的教学、教学管理或教学辅助工作。

3）直接领导和参与课题研究方案的设计、论证和研究过程；当年只申报一个负责的项目，且没有未结题的在研项目。申请立项时，每个项目的主要完成单位不得超过 3 个，课题组成员不得超过 5 人。课题组所有成员必须具备完成项目中相应工作的能力和条件。

教学研究课题立项的程序：

1）申报人获取并填写"江西师范大学教学研究课题立项申报表"，向所在单位提供与研究课题相关的材料。

2）申报人所在或相近单位教学工作委员会对申报材料进行筛选，签署审核意见，并将申报表送教务处。

3）教务处对申报材料进行资格审核，然后组织校内外专家组对申请立项的课题进行网络匿名评审。按项目所得分数拟定入围项目及等级。

4）教务处将专家组评审意见及初审入围项目及等级提交学校研究决定立项课题。

5）学校将获准立项的课题择优推荐申报江西省普通高校教学研究课题。

四、教学研究课题的经费资助

学校设立教学研究专项经费，按重大招标、重点课题、一般课题 3 个等级予以资助。教学研究经费主要用于资料费、调研费、专家咨询费、成果鉴定费和会务费等。教学研究经费由教务处按立项课题统一管理和划拨相应指标，原则上不设项目启动费，对确有进展并通过了中期检查的项目，可报销经费指标的 50%，待结题后一次性报销其余经费指标。

五、教学研究课题的管理

课题负责人应在课题研究中期或每年年终进行课题研究工作小结，向教务处提供进展情况材料，教务处每年应进行一次教学研究中期检查。凡按规定完成任务的校内一般课题，都要进行课题成果验收，其他课题，都要按有关立项单位要求进行相应课题成果鉴定。未进行验收和鉴定的课题，不能结题。

校内课题成果验收或鉴定的程序：

1）课题负责人根据申报书设定的研究计划、研究目标及完成情况，填写"江西师范大学教学研究课题结题鉴定表"，并附上有关材料，向所在或相关学院提交申请结题材料。

2）学院召开鉴定会。学院根据申请结题的情况，以主持人公开报告方式举办结题鉴定会，自行安排鉴定会的时间、地点，并成立由 3~5 人（学院外专家至少 1 人）组成的结题鉴定专家组，以上信息及时公开并报教务处。

3）教务处进行终审。学院将结题材料报教务处，教务处负责对专家的鉴定意见和学院的结题意见进行终审。凡具有校内先进水平的课题，在通过验收或鉴定后可申报校级教学成果奖，凡影响面大、效果特别显著、能反映我校特色并富有独创性的课题，学校将推荐申请省级、国家级教学成果奖。凡验收不合格或未完成任务的课题，其负责人应写出书面说明，并申报延期研究方案，由所在单位分管领导签署意见后报教务处备案；延期后仍未完成者，其负责人在 3 年内不得主持新的教学研究课题。

第六节　优秀教学奖励评选

一、课程教学"十佳百优"奖

凡在我校承担本科教学工作的教师（包括延聘、返聘、外聘的教师）均可申请课程教学"十佳百优"奖。

课程教学"十佳百优"奖获得者应具备的条件是：

1）坚持四项基本原则，忠诚于人民教育事业，师德高尚，关心学生，为人师表。

2）教学认真负责，严格遵循教学规律，因材施教，专心教学，教风严谨。近3年内，每年均承担本科或专科教学任务，原则上年均完成96个以上课堂教学工作量，且3年内无教学事故。

3）积极探索高等教育教学改革，开展教学研究，在转变教育思想、优化教学方案、改革课程体系、更新教学内容、改进教学方法、提高教学质量、培养学生创新精神与实践能力方面取得突出成绩。近3年取得下列成果之一：①主持并完成省级教学研究课题项目。②公开发表教学研究论文至少1篇（第一作者），或正式出版至少1部与本课程高度相关的教材（前三名）。③参与省级及以上本科教学工程项目建设前5位（含）。④获省级教学成果奖排前5位（含）。⑤作为第一责任人直接指导学生参加各类课外学术或专业竞赛获省级一等奖以上。⑥在省级及以上教学类大赛（如多媒体课件比赛、讲课比赛等）中获二等及以上奖励。

4）坚持教学相长，有较高的学术造诣，能有效地将最新学术思想、成果和手段融入教学，促进教学水平和效果的不断提高。

5）教学成效明显，得到师生的公认和好评。近3年内必须有1次在教学质量评价中获得优秀等级。

评选的工作程序为：①学校下达推荐指标。②教师自愿申报。③学院组织初赛。④学校组织复赛。⑤校长办公会根据评委会评议结果和公示情况研究决定名单。

教学质量奖每年评一次，三年一个周期，教师节前颁奖。教学质量奖实行限额推荐评审制度，各教学单位按在职在岗教师数的一定比例择优推荐，全校获奖人数每年原则上33名左右。学校划出专项经费，用于奖励获得教学质量奖的教师、召开表彰大会和支付有关评审费等。教学质量奖有关材料存入本人业务档案，作为教师晋升职称、职务和增薪的重要依据之一。

二、教学成果奖

1．教学成果奖的申报

1）我校教师、教学辅助人员和教学管理干部，凡是取得教学成果的，均可以个人或集体名义依照本办法的规定申请教学成果奖。

2）申请教学成果奖的项目原则上从已结题的教研课题中产生。该课题必须符合社会主义办学方向和教育规律，经过两年以上教育教学实践检验，在理论和实践上有突破创新，达到省级以上先进水平，在较大范围内有示范作用和推广价值。

3）申请教学成果奖的教师近3年应完成基本教学工作量。其中从事本科教学的工作量不得少于标准教学工作量的1/3。教学管理干部必须在本岗位上连续工作4年以上。

4）教学成果奖的申报程序是：个人或集体申请，填写"江西师范大学教学成果奖申报评审书"并提交反映该成果的有关材料；申请人所在单位推荐；教务处进行资格审查并组织专家评审；评审后报学校审定。

5）申请教学成果奖时，每项成果的主要完成单位不得超过3个，主要完成人不得超过5人。主要完成单位系指在成果的方案设计和实施过程中做出主要贡献的单位；主要完成人系指直接参加成果的方案设计和实施并做出主要贡献的人。

2．教学成果奖的设置

1）校级教学成果奖分为一等奖、二等奖，对获奖者颁发奖金和证书。学校将择优推荐申报省级教学成果奖。

2）对同时获得学校、国家级教学成果奖者，按最高级进行奖励，不重复发奖金，但可颁发相应的荣誉证书。

3．教学成果奖的管理

1）学校教学成果奖的评审时间与省级教学成果奖同步，每两年评审一次。

2）教学成果奖的评选必须坚持公正、公平、公开的原则，在决定获奖名单前应向全校公布，接受社会监督。任何单位和个人对公布的获奖项目持有异议，可在公布之日起7日内以书面形式向教务处提出，由教务处提出处理意见，必要时报请学校裁定。对弄虚作假或剽窃他人成果者，学校将撤销其奖励，收回证书和奖金，并予以通报批评，情节严重者给予行政处分。

3）教学成果奖材料存入本人业务档案，作为教师晋升职称、职务和增薪的重要依据。

4．国家教学成果奖的培育

培育项目参照国家级教学成果奖的评审指标执行，结合我校人才培养模式改革的总体思路，以立项的方式对项目成果进行有计划的培育，为推荐申报国家级教学成果奖奠定良好的基础。

遴选条件。参照国务院颁发的《教学成果奖励条例》第二条要求执行："本条例所称教学成果，是指反映教育教学规律，具有独创性、新颖性、实用性，对提高教学水平和教育质量、实现培养目标产生明显效果的教育教学方案。"具体条件要求，应参照该条例第五条执行："具备下列条件的，可以申请国家级教学成果奖：（一）国内首创的；（二）经过 2 年以上教育教学实践检验的；（三）在全国产生一定影响的。"

具体要求。对在近年来已获得省级教学成果奖，尤其是一等奖的项目，或者已有国家级和省部级项目立项和支撑背景的（包括教学类项目和科研类项目），依托该项目已开展相关教改研究与实践，有明确的改革意识和建设思路、创新性强、特色明显、预期效果好、有较大推广价值的项目，将优先予以考虑。

三、教学名师奖

按照国家、省级、校级教学名师奖的有关文件规定执行。

四、先进教育工作者评选

按国家和学校有关文件执行。

五、社会类奖教金评选

学校积极鼓励和争取社会各界在学校设立各类奖教金，奖励为人师表、业绩突出的教师。目前设立的奖教金有熊智明奖教金、彭友善奖教金、傅抱石奖教金等，具体评选办法参照各类奖教金评选办法。

六、教学竞赛优胜奖评选

学校举行各类教学竞赛、教学工作评比活动，已开展的青年教师课堂教学竞赛、优秀毕业设计（论文）指导教师等，鼓励教师积极钻研教学，交流先进教学经验，提高教学质量。具体办法参照学校当年组织竞赛的有关文件。

七、其他优秀教学人员评选

学校通过学生团体举行各类优秀教学人员评选活动。该类活动旨在表彰教学先进，树立优秀教师在学生心目中的形象，突出学生评价的导向作用。已开展的有"学生最喜爱的老师""师德师风建标兵"等评选，具体办法参照学校当年评选工作的有关文件。

第七节　教学事故与处理

一、教学差错

教学差错是指教学工作人员违反教学工作规程的有关规定所造成的教学工作过错或失误。具体有：上课无故迟到15分钟以上或累计达20分钟；下课无故提前10分钟以上达两次；不按规定要求辅导、答疑；不按规定要求布置和批改作业；不按规定要求制定教学进度计划（含毕业论文、毕业设计指导、实验课教学、社会实践、教育实习、毕业实习指导、专项技能训练等实践性教学工作）；不重视维护教学秩序，对学生不严格要求，对迟到、早退或旷课的学生管理不严；考试后不按时上交成绩登记表或拒不完成试卷分析；课程考核不认真，出现错登、漏登学生成绩；无故不参加学校、院（部、中心）、教研室组织的教研活动；因管理工作失误，影响教学工作的正常开展；不认真履行监考职责，擅自离开监考岗位、迟到或监考过程中使用通信工具影响了学生考试；其他应定为教学工作过错或失误的行为。

二、教学事故

教学事故是指教学工作人员违反教学工作规程的主要教学管理规定，严重影响教学工作或教学效果的事故。具体有：无故旷课或监考缺岗；擅自请人代课或调课；教学不负责任，学生反映强烈且经调查情况属实；未经学校职能部门同意擅自订购教材或向学生推销计划外的教材；实验、实习、实训课因教学人员在教学指导方案、教学场地、设备、教具等方面准备不充分，影响教学工作的正常进行；实践性教学事前无完整计划和安排，事中不认真、无具体的检查指导，事后无讲评（或总结、报告）；对毕业设计（论文）或课程设计的指导不认真负责，致使出现明显错误或抄袭现象，且未及时发现和纠正；因主观原因造成教学设施、设备和教具的损坏；不认真履行监考职责，造成了严重后果；试卷命题、印制存在严重质量问题；课程考核不认真，致使出现多次阅卷错误或成绩登记错误；经常无故不参加教研活动；因工作不负责任，导致教学无法正常开展，或工作拖拉而不能按时完成任务，或故意不作为阻碍工作的开展，并造成恶劣影响；教学组织不严，导致管理混乱，大面积影响教学秩序；因工作失职，遗失重要教学文档；教学管理人员擅自更改重要教学数据；一学期内发生教学差错2次以上（含2次）；其他应定为教学事故的行为。

三、重大教学事故

重大教学事故是指教学人员或教学管理人员违反教学工作规程的主要教学管理

规定，并造成重大教学工作损失和恶劣影响。具体有：上课多次迟到或擅自提前下课，且经批评教育仍不改正；从不按规定要求辅导、答疑且屡教不改；从不按规定要求布置和批改作业；多次旷课和监考缺岗；擅自停课；不按专业培养方案或课程大纲实施教学，擅自更改教学内容、压缩课时或提前结束课程教学；不按培养方案规定的进度和环节实施教学，擅自压缩、简略教学环节、特别是实践性教学环节；故意损毁教学设施、设备和教具，情节严重；在教学过程中进行违法活动；不认真履行监考职责，对学生考试舞弊行为不制止、不认定、不报告；阅卷中不按标准评分，随意加分、减分，徇私舞弊或评分严重失实；一学年内发生教学事故 2 次以上（含 2 次）；违反考试保密规定或擅自改变学校统一安排的考试时间、地点；教学管理人员徇私舞弊，故意更改、提供重要教学数据（学生成绩、学历学位证明或教学质量评价结果等），造成恶劣影响；其他应认定为重大教学事故的行为。

四、处理办法

发生教学事故后，有关单位应及时予以通报、核实、认定。教学事故责任人原则上应主动递交书面检查，对事故产生的原因、过程及善后进行分析，并表明自己的认识，提出整改措施。如对事故认定有异议的，可在 1 个月内以书面形式向教务处提出申诉，要求校教学工作委员会仲裁，校教学工作委员会应在 1 个月内予以审议。发生教学差错，一年内不得参加教学类评优、评奖；发生教学事故，两年内不得参加教学类评优、评奖和其他各类综合性评优活动；发生重大教学事故，两年内不得参加教学类评优、评奖和其他各类综合性评优活动。

与专业技术人员年度考核挂钩。本年度内发生教学事故者，年度考核结果不得定为优秀；本年度内发生重大教学事故者，年度考核结果直接定为不称职。

与岗位、绩效津贴发放和各教学单位教学工作量奖挂钩。凡本年度内发生教学差错或教学事故者，各教学单位可一次性扣发其一定数额的年终奖金（具体标准由各教学单位自定）；凡本年度内发生重大教学事故者，校发课时津贴按规定标准的60% 核发，各教学单位利用自筹资金核发教学工作量奖时也应体现"奖优罚劣""优劳优酬"的原则，具体标准由各教学单位自定（也可参照学校标准执行）。

与专业技术职称评聘工作挂钩。凡任现职期间发生重大教学事故者，不得参加本年度高教系列高一级职务的申报、评审和聘任。

与任职资格、教师工作岗位挂钩。发生重大教学事故一次，下岗接受培训一学期或一学年（由所在教学单位决定，报教务处、人事处备案），培训期间校发教学津贴停发，各教学单位自筹资金核发的奖金、津贴如何发放由所在教学单位决定；三年内二次发生重大教学事故者，取消教师资格，另行安排工作。

第八节 教师培训

一、指导原则

按照学校师资队伍建设规划和学科专业建设发展规划的要求，根据有利于学科专业建设、师资队伍建设和促进教师全面发展的原则，坚持整体提升和突出重点相结合的方针，进一步推进学校教师培养工作，确保教师培养工作立足现实、着眼长远、注重实效。

二、总体目标

教师培养工作以进一步提高学校教师的思想政治素质、教学科研能力和知识创新能力为着力点，以建设一支素质优良、业务精湛、富有活力、勇于创新、适应学校发展需要的教师队伍为目标，为学校实现跨越式发展提供强有力的人才保证。

三、组织实施

学校师资工作领导小组负责协调各学院及相关职能部门做好教师培训工作。

四、培养方式

1）岗前培训。学校定期举办岗前培训班，组织新聘用的教师集中参加《高等教育学》《高等教育心理学》《高等学校教师职业道德修养》《高等教育法规概论》及校情校史教育等课程的学习，帮助教师掌握教育基本规律、了解教师行为规范、提高教师职业道德。

2）普通话培训。学校规定，未取得普通话相应等级证书的教师必须参加普通话培训，取得二级乙等以上的普通话合格证书。普通话培训班由学校定期举办。

3）现代教育技术培训。学校定期开展计算机技术、多媒体技术、网络技术等方面的培训，帮助教师提高现代教育技术，改进教学能力，改善教学效果。

4）外语培训。学校定期举办英语强化班、口语班及双语教学提高班，帮助教师提高外语运用能力。

5）助教制。青年教师在来校工作的第一学年必须担任至少一门完整课程的教学助理工作和辅导员（班主任）工作，以提高教学和学生管理水平。

6）青年教师导师制。学校对青年教师的培养实行导师制，由学院为每位青年教师配备一名教学经验丰富的教师，负责向青年教师传授教学经验，指导学术研究，进行职业道德教育。

7）名师讲坛。学校组织青年教师听取教学名师的系列讲座、观摩优秀教师的教学活动，加强教师的职业道德修养，提高教师的教学科研水平和创新能力。各学院也要相应地开展相关活动。

8）学历提升计划。根据师资建设和学科建设情况，学校有计划地安排中青年教师在职攻读博士（硕士）学位，提高中青年教师的学位层次。

9）单科进修。学校有计划地选派中青年教师赴国内重点大学进修，更新专业知识，为教师拓展专业知识面、开设新课程奠定基础。

10）国内访学。学校有计划地选派中青年骨干教师赴国内重点大学或科研机构做高级访问学者，进行学术交流，提高业务能力和科研水平。

11）高级研讨班。学校选派中青年骨干教师参加教育部或全国重点大学举办的各类高级研讨班，帮助教师掌握专业的前沿研究动态。

12）短期研讨班。学校根据需要选派骨干教师参加以课程和教学改革、教材建设、学术界热点问题为主要内容的短期研讨班、讲习班。

13）国内外学术会议。学校有计划地资助骨干教师参加国内外重要学术会议，及时了解本学科前沿信息，跟踪本学科最新发展水平。

14）科研专项经费资助。学校分别设立高层次人才科研启动专项基金、青年成长基金等基金项目，通过科研立项资助教师科研经费。

15）教学名师计划。学校有计划地开展教学名师的遴选与培养，设立教学名师培养基金，努力形成国家、省、校三级教学名师梯队。

16）团队培养计划。学校按照"学科带头人＋创新团队"的人才组织和培养模式，以重点学科、重点科研基地为依托，以学科带头人为核心，围绕重大项目组建中青年学术团队，大力支持团队科研攻关，力争取得一批重大成果，提升学校创新能力。

17）设立特聘教授岗位。学校设立特聘教授岗位，聘任在各个专业领域取得突出成就的专家学者为学校特聘教授，以加强学校整体师资力量建设。

18）出国留学研修。选派骨干教师赴国外做访问学者、合作研究（研修）等，加强国际学术交流，培养具有国际视野和创新精神的人才。

五、经费保障

学校设立教师培养专项经费，有关经费的资助根据具体的培养方式按相关规定执行。各学院可根据实际情况安排教师培养专项经费，用于学院教师的培养。

第九节　教学辅助人员

一、定岗要求

学院或者处（部、室、中心）应根据学校定编制定教学辅助人员相应的岗位和岗位职责，所有教学辅助人员应当有具体岗位。所有教学辅助人员实行坐班制，教学辅助人员应遵守岗位职责，不得擅自离岗。

二、基本条件

相关专业毕业，熟悉业务，有志于从事教辅和服务育人工作；具备履行相应职责的业务水平、实际工作能力和任职资格；身体健康，能适应满负荷工作量的要求。

三、实验室教学辅助人员岗位职责

实验室主任的主要职责：负责编制实验室建设规划和计划，作好经费预算并组织实施和检查执行情况；领导并组织完成规定的实验室工作任务；搞好实验室的科学管理，贯彻、实施有关规章制度；领导本室各类人员的工作，制定岗位责任制，负责对本室专职实验室工作人员的培训及考核工作；负责本室精神文明建设，抓好工作人员和学生思想政治教育；定期检查、总结实验室工作，开展评比活动等。

实验室管理人员的主要职责：根据教学实验任务、在学院领导和实验中心（室）主任领导下，做好实验前的准备工作；参加学生实验、记录实验教学情况，做好总结工作；参加教学实验室的工作，参与实验开发和设计工作，负责仪器设备的操作、数据整理和计算、绘图和编写实验报告等技术工作；负责实验室设备的安装、调试、维护和使用，以及仪器、设备的档案管理等工作；应熟悉实验中心（室）的规章制度和日常工作，做好实验中心（室）的科学管理、安全防范和卫生工作。

第五章

教学过程管理

第一节　专业建设

一、专业建设内容

专业是指根据学科分类和社会职业分工需要分门别类进行高深专门知识教与学活动的基本单位。其建设的主要内容有：

专业建设规划，主要包括学科建设、专业特色、人才市场调研和毕业生质量跟踪等。

师资队伍建设，重点是教学水平与能力的建设。

教学条件建设，主要包括图书资料、实验设备、实践基地建设。

专业培养方案建设（详见**附件16"江西师范大学本科人才培养方案格式规范"**），主要包括人才培养目标与规格、课程体系、教学指导、选课指南等建设。

教学管理现代化、信息化建设。

二、专业申报、调整原则

增设及调整本科专业必须遵循教育规律，正确处理需要与可能、数量与质量、近期与长远、局部与整体、特殊与一般的关系；必须服从学校的专业建设规划，必须有利于提高教育质量和办学效益，形成合理的专业结构和布局。学院拟申报增设专业原则上每年度不得超过1个。

三、专业申报材料

专业申报材料包括学校发展规划、人才需求论证报告、申请报告（简要说明申报的主要理由和其他情况）、申请表（按照教育部统一制定的格式据实详细填写）、拟设专业的培养方案、拟设专业的师资情况和设备情况、其他补充说明材料。申报目录外专业还须附专业论证报告、参加论证的专家名单、专业介绍、省或国务院有关部门专业设置评议委员会评议情况及其他说明材料。

四、专业申报、调整程序

申报增设及调整本科专业每年进行一次，程序为：

1）学院申请。每年 6 月 5 日前将申报材料报教务处。

2）学校教学工作委员会专家评议。每年 6 月中旬，教务处组织学校教学工作委员会专家对有关学院申报材料进行评议。

3）学校学术委员会审议。每年 6 月下旬，教务处汇总学院申报材料和学校教学工作委员会评议结果报校学术委员会审议。

4）校长办公会审定。凡涉及增设、调整（含校内重新布局）和淘汰学科专业等重大事项须经校学术委员会审议后提交校长办公会审定。

5）报上级教育行政主管部门备案。学校将通过校长办公会审定的专业的申报材料（目录外专业一式 16 份；目录内专业一式 11 份）于 7 月 30 日前报上级教育行政主管部门备案。

第二节 课 程 建 设

一、课程建设机制

课程是学校为实现人才培养目标而有计划地组织编制的系统化教学内容的总称，是构成人才培养方案的基本单元。学校以精品课程建设为龙头，以点带面促进课程建设的全面可持续发展。

学校教学工作委员会成立课程建设专门委员会，作为课程建设咨询审议机构。课程建设委员会委员 11~17 人，由学校聘任各学科领域内有较高教学水平和声望的教师担任。课程建设委员会的主要职责是：评议学校课程建设发展规划；评议课程建设项目；审定课程大纲；评议学校新开课程和课程管理权变更；评议教师课程任课资格；参与课程评估工作。

二、课程建设内容

课程建设由学校统一领导，课程管理单位具体实施。课程建设的主要内容有大纲建设、任课教师队伍建设、教材建设、教学方法与手段建设、题库（试卷库）建设、教学辅助设备建设和课程信息化建设等方面。

课程管理单位应积极组织教师开展课程内容、教学方法、教学手段等方面的教研活动，并形成工作制度，学校鼓励教师积极开展双语教学，鼓励教师积极运用现代教育技术开展教学。

学校大力支持核心课程建设，专门设置专业学位课程和通识教育核心选修课程两类核心课程。原则上每专业必修课中设立 7 门左右专业学位课程，每通识教育任意选修模块中设立 10 门左右核心选修课程。每门核心课程应由 1~2 位教学经验丰富、学术水平高的高级职称教师领衔负责课程及教学团队建设。学校优先支持核心课程开展教学范式改革立项，相应课程课型系数定为 1.2，主要用于强化线上线下辅导答疑等。专业学位课程鼓励小班化教学，期末考试可延长至 150 分钟。

学校以教改立项方式，积极推动教师进行研究性教学，促进教学信息化建设。课程管理单位应从本科教学经费中划出一定比例专门用于支持教师进行教学方法和手段的改革。

课程管理单位应采取措施加强课程任课教师队伍梯队建设和师德师风建设。任课教师必须做到教书育人。

课程原则上应建立题库（或试卷库）。题库（或试卷库）建设的标准由教务处制定，具体建设工作由课程管理单位负责。

学校设立专项经费用于课程教学辅助设备建设。课程管理单位应建立专项制度加强课程教学辅助设备管理，提高设备利用率。

三、课程建设经费

学校每年划拨当年教学经费的 10% 设立课程建设专项资金。课程建设专项基金由学校统一管理使用。课程建设专项资金分配的原则是：

1）效益优先原则。即重点支持一批影响面广、受益面大的校级公共课、学科基础课和专业主干课。

2）急需优先原则。即重点投放到一些目前力量相对薄弱但又是教学急需的课程。

3）改革优先原则。即重点支持一批依据现代教育理念，对现有课程内容体系、教学方式进行改革的项目，特别是能促进我校课程内容的综合化、国际化、人文化和教学方式现代化的课程改革项目。

课程建设基金的具体使用办法另行制定。

四、课程大纲

课程大纲是课程教学的纲领性文件，是人才培养方案中课程体系优化设计的核心要素，是对人才培养目标所要求的知识、能力、素养要求的具体规定，是教材选用、教学设计、教学组织、题库建设、教学评价等教学过程的组织依据。主要内容包括课程目标（知识、能力、素养）、定位（适用对象、先修后续等）、内容、实施手段与方法、教材与参考文献、考核手段与方法、教改历史与现状等（详见**附件**

18 "江西师范大学课程大纲格式规范")。

课程大纲由课程管理单位组织教研室全体成员集体研究制订，报课程建设委员会审定。课程大纲一经审定，任何单位和个人未经课程建设委员会同意，不得随意变更。如确需变更，应由课程管理单位填写"江西师范大学课程变更申请表"，参照新课程增设程序，报请课程建设委员会审定。

第三节　教材建设

一、教材建设内容

教材是教学内容的主要载体。为确保高质量教材进课堂，学校高度重视教材建设。一要建立科学的教材选用体系，保证优秀教材与具有地方特色的教材供学生使用；二是保证教科书、讲义、讲授提纲、辅导材料、教学音像资料、电子教材等多种形式配合使用，多方位适应教学需要；三是学校设立专项资金，用于鼓励资助教师编写有特色、高水平的教材。

二、教材选用程序

教材选用实行校、院两级负责制。凡列入专业培养方案中的每门课程教材均应进行选用认证，原则上每门课程的基本教材及其实验（实习）指导书均限定只报一种。选用具体程序为：

1）教研室集体拟定选用教材目录清单。

2）学院教学工作委员会对拟选用教材进行评议（其中专业任选课可列入评议）。

3）学校教学工作委员会审定。教务处组织学校教学工作委员会专家对学院拟选的教材进行审定。

4）教材一经审定一般应使用 2~3 年，教材选用工作在每年 4 月份进行。课程管理单位不得随意更换教材，新开课程选用教材或确有特殊需更换教材应提前半年按程序提出选用申请。

三、教材选用原则

1）择优原则。在同类教材中要选用质量好、最适合于课程需要的教材。

2）优先原则。优先选用国家、部（省）级优秀教材、规划教材或全国统编教材、教育部推荐教材。

3）共用原则。相近专业的相同课程选用同种教材。

第四节 任课资格

一、课程任课资格

学校实行课程任课资格证制度。课程任课资格证是学校颁发的、证明教师具备某门课程授课权利的一种资格证明书。教师必须取得某门课程的任课资格证方能挂牌供学生选课。课程任课资格还是教师晋升高一级教学类专业技术职务的基本条件之一，其中晋升讲师必须至少具备一门课程的任课资格，晋升副教授或教授必须至少具备两门课程的任课资格。

校内外所有人员都有申请课程任课资格的权利。本校教师申请本人所在教学单位课程的任课资格，由教学单位认定并报教务处备案。校外人员申请本校课程的任课资格或本校人员申请非本人所在教学单位课程的任课资格，由教务处组织学校课程建设委员会专家认定。

凡获得某门课程任课资格的教师应当接受课程管理单位安排的教学任务，认真履行岗位职责。教师如不接受课程管理单位安排的教学任务，教学单位可以解除该教师该门课程的任课资格，并报教务处备案。被解除任课资格的教师两年内不得申请该门课程的任课资格。

课程管理单位应加强课程任课教师队伍建设，所有必修课程和限定选修课程每学期原则上应保证有 2 位（含）以上具有任课资格的教师挂牌供学生选课。每位教师最多允许申请 5 门课程的任课资格（分多学期开设的课程其任课资格不重复认定）。

二、任课资格认定程序

1. 教师申请

在每学期第 1~5 周，教师通过填写"江西师范大学课程任课资格申请表"（一式两份），向上述所规定的资格认定机构提出任课资格申请。

2. 课程任课资格认定机构认定

任课资格认定机构应审核教师的申报材料、组织试讲（申请教师如具有副教授以上职称可不必试讲）、开展评议，并于每学期第 7 周结束前将资格认定结果报教务处备案，同时反馈给申请教师。

三、课程任课资格认定原则

凡符合下列条件之一者，可认定其所申请课程的任课资格：
1）能提供有关材料证明其确实已系统讲授过该门课程且教学效果良好的。

2）首次申请某门课程任课资格的教师，若能提供有关材料证明其对本课程做过系统的研究，熟悉课程的课程大纲、教学内容，掌握相应的教学方法和教学手段，且经试讲（具有副教授及以上职称者可不必试讲）并通过评议的。

第五节　课程管理

一、课程管理归属与性质变更

课程管理归属由课程建设委员会依据课程的学科属性和相关教学单位具有任课资格的教师人数予以确定。未经课程建设委员会批准，任何教学单位不得变更课程管理归属。如确需变更，应填写"江西师范大学课程变更申请表"，参照增设课程程序，报请学校审批。

课程性质的变更属专业培养方案调整范畴，任何单位或个人不得随意变更专业培养方案所规定的课程性质。如确有特殊情况需变更，必须参照专业培养方案制订程序，书面报学校审批。各专业每次变更的必修（限修）课程学分总数不得超过必修（限修）课程总学分数的10%。

二、课程增加与淘汰

因修订、完善、扩展专业培养方案，扩大、丰富选课资源或根据大多数学生（原则上应超过30人）需要等原因，教学单位或教师可以向课程建设委员会申请增设新课程。

增设的新课程应符合以下条件：

1）不与学校原有课程相同名称，相同内容体系。

2）有规范的课程大纲和合理的课程实施方案，且课程大纲与现有相关课程的大纲体系不同，相同内容部分不超过40%。

3）有课程大纲和课程实施方案，并至少落实2位符合任课资格的教师挂牌开课。

4）申请教师具有讲师（或硕士）以上职称（或学位），且对该课程领域做过较为系统、深入的研究，积累了相当数量的资料，发表过有一定影响的论文或著作。

新课程增设的程序：

1）教学单位（或教师个人）填写"江西师范大学增设新课程申请表"（一式两份），并于每学期第4周结束前由教学单位报教务处。

2）教务处在每学期第5周结束前将所有增设新课程的申报材料汇总审查，并将符合条件的课程申报材料提交课程建设委员会审议；课程建设委员会组织有关教师试讲（副教授以上职称教师可不必试讲），进行评议。

3）教务处将申报情况连同课程建设委员会评议结果报校长办公会审批。

4）教务处将审批结果反馈给申请教学单位（或教师）。

5）教师每学期申报增设课程仅限一门。校外教师（或校内离退休教师）申请增设课程，申请程序与上述相同，但申请材料可直接上交课程建设委员会办公室。

6）教师申报增设的课程一经课程建设委员会审定通过，申报教师即同时取得该门课程的任课资格。

7）所有选修课如连续两年内选修人数达不到开班人数，则该门课程自动淘汰。

三、调课与停课

各教学单位应严格按照学校课表和教务处教学指令实施教学，不得随意更改。

课表一经排定，不得随意改动。任课教师必须严格按照课表上课，原则上不允许调课停课。如果确因特殊情况需要调课停课的，应提前一天按照以下程序办理调课停课手续：

1）任课教师向课程管理单位递交"江西师范大学调停课申请表"（并附相关证明）。此表一式三份，一份留课程管理单位、一份送听课学生所在学院、一份送教育教学评估中心。

2）学院审批，并报教育教学评估中心备案。

3）调停课申请批准后，由课程管理单位通知学生所在学院及任课教师。

未经批准，擅自调停课未报教育教学评估中心备案的，一经发现，学校将对有关责任单位通报批评，并根据有关规定对当事人做出严肃处理。

四、课程进修

申请我校课程进修的对象，主要为社会各界需提高业务水平和专业技能的人员。

申请课程进修者应具备完成进修所必需的业务基础，无不良记录，身心健康。

课程进修工作由教务处统一管理。课程进修手续每学期办理一次，每学期结束前或开学两周内，进修生持有关单位介绍信和身份证，到教务处办理进修手续。办理进修手续的程序为：

1）相关学院审核、教务处审批。

2）财务处缴纳进修费。

3）教务处注册、行文、选课、办理听课证等。

4）相关部门办理校园卡、借书证、食宿等。

进修期限一般为一年或半年。进修生在进修期间，要努力学习，遵纪守法，完成任课教师规定的学习任务。进修课程考核合格者，发给课程成绩证明，对阶段性进修发给相应修业证明。课程进修的学费标准与江西师范大学普通在校学生学费标准相同，并视具体情况收取必要的实验（上机）费等费用。

五、选课原则

发挥现有教学资源的利用效率，最大限度地满足自主学习的需求开展选课。

学生依照专业培养方案要求，明确培养目标和规格，自主选课。

六、选课指导

各学院应制定详细的各专业选课指南，对课程的典型修习拓扑关系，特别是课程的先修后续关系应有图示说明。

各学院应为本科生分专业配备选课指导教师，加强选课的集中指导。

第六节　双语教学

一、双语教学的认定

双语教学是指教学过程中采用外文教材，在课堂讲授、考试等教学环节中运用外语或外语和汉语并用，且外语授课课时达到该门课程的 50% 以上的教学活动。凡符合以下条件的教学活动，可认定为双语教学：

1）教材是适用的外文书籍（含讲义），教学参考资料可以是中文图书。

2）在课堂讲授和讲座中，教师根据实际情况，外语和汉语并用，但以外语为主要教学语言。其中内容讲解、外文板书比例不低于 50%，作业与考试内容的 50% 应用外文完成。

3）教学质量评价结果为合格以上。

4）经教育教学评估中心专家随机抽查，认为达到了双语教学的基本要求。

二、双语教学的基本要求

进行双语教学的课程应在课程大纲中标明外语使用形式、外文教材及辅导资料等，在挂牌选课时要明示，以便学生选择。

原则上应采用多媒体手段进行授课。

进行双语教学的课程不能使用中文教材，外文教材或汇编外文讲义选用认证须通过教研室集体讨论后报学院审批、教务处备案。

三、双语教学课程的开设

学校要求每个专业（外语专业除外）每年至少能开出 1 门双语教学课程，并逐年有所增加，确保每个专业至少有 2 门课程采用外文原版教材进行双语教学，力争全校双语教学课程达到全部所开课程的 8%~10%。

学校每学期第 6 周结束前完成审定下学期拟开设的双语教学课程。审定的程序为：教师填写"江西师范大学双语教学课程申报表"；学院初审；教务处组织学校课程建设委员会专家审定。双语教学资格审核内容主要包括：教师授课能力、教学大纲、教材、教案、相关课件、习题等。

各学院要根据专业培养方案的要求，制订 1~3 年实施双语教学的计划，内容包括师资培养计划、双语教学的课程、任课教师名单和有关教材等。

四、双语教学的鼓励措施

凡被批准使用双语教学并完成教学任务的，学校将对该课程一次性资助 5000 元（已由学校选派教师参加培训、进修的不再资助），专门用于双语教学课程建设；同时，视课程难易程度和不同的授课类型对任课教师按课时给予一定的工作量补贴。

学校对各教学单位提出使用双语教学的任课教师优先进行必要的外语集中培训。选拔有敬业精神、成绩突出、外语水平优秀的中青年教师赴国外或国内著名大学进修、访学。原则上每年从各教学单位选派 1~2 名外语基础较好、教学能力强的教师参加培训。每年资助 5~10 名教师出国参加所教课程单科进修，在国外随堂听课学习。

凡由学校选派出国培训、进修、访学的教师，回校后一年内必须开出双语教学课程，按计划一年内未开出双语教学课程的，其培训费用自理。

学校支持教师开展双语教学研究，在参加有关学术会议、课程评奖、评优时，双语教学的教师和课程予以优先考虑。

第七节　考　　试

一、考试总则

考试是检验教学效果、保证教学质量的重要手段，科学、合理的考试制度，能充分调动教学的主动性和积极性，对培养学生的学习能力和创新能力，实现人才培养目标有着重要意义。

考试是教学工作的关键环节，是教学质量管理与评价的重要内容，应坚持严肃、公正、公平、客观的原则做好各项考试工作。

凡专业培养方案规定的课程都要进行期末考试，学位课程等专业核心课程鼓励学院组织期中考试。实习、毕业设计（论文）等主要实践性教学环节也要进行考试或考核。

二、考试工作的组织与领导

考试工作在分管教学工作的校长领导下，由教务处依照相关规定进行组织和协调。各学院应按照有关规定协助教务处做好考试组织工作。

考试工作由分管教学的校长担任主考，教务处处长担任副主考，教务处具体负责考试组织安排工作。

教务处全体人员参与考试管理工作，根据需要设置考务组、试卷印制组、试卷保管组、安全保卫组、阅卷登分组等，各组由一名处级领导负责。

考前动员教育工作由教务处负总责，学生处、校团委协助，各学院具体组织实施。主要工作是组织学生学习考试规章制度，强调纪律要求，教育学生树立良好的考试观念和考风。

三、考试方式

考试方式包括笔试（闭卷、开卷或闭开卷结合）、口试、专题论文、技能测试等多种形式。具体考试方式由开课单位根据课程内容的特点和要求，报教务处审定后实施。

考试可以随堂进行或期中、期末集中组织。

课程延续时间跨两个学期（含两个学期）以上的，每学期应作为单独课程进行考试。

四、考试安排

期中考试或课堂测验由学院自行组织。期末考试由学校统一组织，一般安排在学期结束前1~3周内进行。考试日程按上午、下午、晚上三个时间段安排，上午、下午时间段可各安排两场考试，晚上安排一场考试。每场考试时间为100分钟。个别课程如有特殊需要，经分管教学院长审核和教务处批准后，可以延长或缩短考试时间，但不得超过150分钟或少于60分钟。实践技能考核时间由课程所属教研室统一规定，一般每人不少于10分钟。

考务工作由教务处负责组织。考试课程、时间、考场和监考人员由教务处统一安排。考试安排表一经排定，任何部门和个人均不得擅自对考试安排进行变更。如确有特殊原因需调整的，应提前向教务处提出申请。

学生必须严格按照教务处编排的考试安排表参加考试，否则成绩无效。

监考人员由学校教学人员和管理干部组成，原则上实行授课或管理人员交叉监考。每个考场一般安排 2 人监考。

五、巡考、督考

期末考试设立考试督察、流动巡视、楼栋巡视三级监督机制。

考试督察员由校教育教学评估中心专家担任，主要负责对整个考试工作进行督导，并对随机抽查各考试环节的实施情况及时上报教务处。

流动巡视员由校领导和职能部门领导担任，主要负责对所巡视校区考试工作的组织管理、楼栋巡考和监考人员的到岗情况及考风考纪情况进行整体巡查和监督。

楼栋巡视员由学院领导担任，主要负责巡查、监督开考前的考试准备工作，如：教学大楼封闭情况、监考人员到岗情况等；考试期间监考人员履行职责情况、考生违纪情况等；考试结束时考生按时交卷情况及考场纪律等。

第八节　实　　习

一、实习教学

实习是人才培养的一个重要环节，是本科人才培养方案的重要内容之一。学生通过实习深入基层，了解社会、认识国情，关注社会热点问题，进一步提高思想觉悟、业务水平，尤其是观察、分析和解决问题的实际工作能力，培养成为能够主动适应经济社会发展需要的高素质的复合型人才。

实习可根据实际情况采取集中实习、分散实习等多种形式进行。实习内容应符合专业培养目标及要求。

二、教学实践基地

建立稳定的、高质量的教学实践基地，既是加强实践性教学环节的需要，又是培养学生创新精神和实践能力的客观要求，各教学单位必须高度重视教学实践基地的建设工作。

教学实践基地主要分为三种类型：一是师范类专业教学需要的教育实习基地，主要为教学实习、班主任工作实习、教育调查、教育教学改革试验等提供服务；二是非师范类专业教学所需的专业实习基地，主要为专业实习、生产见习、艺术考察、课程见习、野外实习等提供服务；三是各专业或学生团体进行社会调查、社会体验、思想政治教育所需要的社会实践基地。

教学实践基地应具备的基本条件：基地单位必须坚持党的教育方针，有较强的领导力量，较高的专业技术水平和较丰富的教学实践管理经验，有指导和接受学生进行教育实习或专业实习的能力，能妥善安排实习师生的生活与学习。社会实践基地必须具有丰富的、典型的社会调查内容和思想政治教育内容等。

建立教学实践基地的程序是：教学单位拟定教学实践基地发展规划；向教务处提出建立教学实践基地的申请报告；教务处、教学单位与拟建教学实践基地单位洽谈有关事宜；学校与教学实践基地单位签订协议书（一式三份）；为基地挂牌。

基地专项建设经费，由学校纳入年度财务预算，教务处统一管理。基地建设经费主要用于校、院联系工作和召开有关会议等。学院应拓宽渠道，争取社会支持，逐步增加学生实践教学所需经费。

基地建设应通过学校的优势资源，帮助基地单位培养人才、进行科技咨询与开发、开展文化建设等。还应聘请基地单位有专长、有教学和实习指导能力的领导、专家担任我校兼职教师。学校拟退出教学、科研服务但仍有使用价值的仪器设备、图书资料，应优先送给实习基地。

各教学单位要充分发挥在基地建设中的主导作用，利用校友优势搞好基地建设。

要加强实践性教学环节的组织领导，建立健全规章制度，注重对已建基地的培育和管理，定期开展教学实践基地的检查评估。

建立教学实践基地应本着"远近结合，就近为主"的原则，优先考虑条件好、与我校有合作优势、交通便利的单位。

基地建成后，应保持相对稳定，不应随意变更。责任教学单位应与基地单位保持经常的联系，主动与实习基地单位交流经验、听取意见、改进工作，使教育实践基地成为稳定的有关专业共享的教育资源。

三、实习计划

各单位在组织实习前应编制科学可行的实习计划。实习计划的内容应包括：
1）实习的目的与要求。
2）实习内容及时间安排。
3）实习的组织、领导，实习单位安排和实习生编组。
4）实习方法与指导，实习报告的要求等事宜。
5）实习纪律和有关注意事项。
6）成绩考核标准及办法。

四、实习指导

实习指导教师应由讲师以上，有实践经验、责任心强的教师担任，指导实习的师生比应根据实习内容一般为1∶30~1∶10。参加指导实习的教师要以身作则、言传身教，对实习生全面负责，关心实习生的思想、工作和生活，督促实习生遵守实习纪律，努力完成实习任务。

指导教师的职责：根据实习计划做好与实习单位的联系、做好安排实习生学习与生活等相关工作。全面掌握学生的实习情况，并给予一定的指导，及时发现与解决有关问题。与实习单位的指导人员共同做好实习生的成绩评定工作。

五、实习生守则

1）服从领导，自觉遵守一切有关实习工作的规定和实习单位的规章制度。

2）尊重双方指导教师，虚心接受指导，对实习单位干部职工要有礼貌。如有建议和意见，必须通过领队教师有组织地向实习单位提出，不得个人随便提出。

3）工作认真负责，虚心学习，刻苦钻研，团结互助，努力完成实习工作的各项任务。严格要求自己，实习期间，不得因个人情感、好恶等因素影响实习活动，借用实习单位用具损坏、遗失应照价赔偿。

4）实习期间，一般不准请事假。由于特殊原因必须请假的，请假1~2天的须由双方指导教师批准，3天以上者须报院批准。学生因请假离开实习单位时，应妥善做好安排。请假超过实习时间1/3以上，按未参加实习处理。

5）上述实习生守则为实习期间的基本要求，其他未尽事宜，由学院实习领导小组根据具体情况做出相应规定。

六、实习考核

实习考核是一项重要而严肃的工作，任何形式的实习都必须进行考核。

指导教师按照实习大纲的要求，根据学生的实习日志、作业、实习报告、考查（考试或口试）成绩及纪律、表现等综合评定实习成绩。

成绩评定。实习成绩按优、良、中、及格、不及格五级制评分。

优。全部完成实习大纲的要求，实习报告有丰富的实际材料并对实习内容进行全面、系统的总结，能运用学过的理论对某些问题加以深入的分析，考核时能够圆满回答问题，无违纪现象。

良。全部完成实习大纲的要求，实习报告比较系统地总结了实习内容，考核时能圆满回答问题，无违纪现象。

中。完成实习大纲的要求，实习报告较完整、全面，考核时能比较熟练回答问题，无违纪现象。

及格。达到实习大纲中规定的基本要求，实习报告有主要的实习材料，内容基本正确，但不够完整、系统，在考核中能回答主要问题。

不及格。有下列情况之一者：①未达到实习大纲规定的基本要求；②实习报告零乱，分析有原则性的错误，考核时不能正确回答问题；③实习缺课1/3以上或无故旷课一天以上；④实习中严重违反纪律。

实习不及格者必须补做，补做实习只限一次，所需费用由学生本人自理。

七、实习总结

学生对实习要进行自我总结和小组鉴定。鉴定意见必须经实习小组讨论后拟定，再由指导教师结合实习情况签署意见。

指导教师在实习结束时，应根据指导实习的具体情况，写出总结。

学院实习领导小组要在实习结束一周内，召集全体指导教师及时总结经验，找出问题，提出进一步改进与完善的意见，写好总结报告，开好实习总结大会。学院实习总结报告须及时报教务处备案。

第九节　毕业设计（论文）

一、毕业设计（论文）教学

毕业设计（论文）是本科教学工作的一个重要环节，是落实本科教育培养目标的重要组成部分，其主要目的是培养学生综合运用所学知识，理论联系实际，独立地分析和解决问题的能力，使学生在科研选题、调查研究、检阅中外文献资料、综合分析、实验设计及研究、计算、数据处理、文字表达等方面的能力得到综合训练，进而巩固和加深所学的专业知识，全面提升学生素质。

毕业设计（论文）是学生在教师指导下进行的一项相对独立的研修任务。学生应充分认识毕业设计（论文）的重要性，要求态度端正，学风严谨，保质保量完成毕业设计（论文）。

毕业设计（论文）工作在分管教学副校长的统一领导下，由教务处、学院、教研室、指导教师分级负责实施。并做好毕业设计（论文）过程中各环节的检查监控工作，保证毕业设计（论文）的质量。

二、毕业设计（论文）选题原则

选题是做好毕业设计（论文）的前提，一人一题是选题的基本要求。鼓励选题与科学研究、技术开发、经济建设和社会发展紧密结合。在实际选题中，要遵循以下原则：

专业性原则。选题应紧紧围绕专业人才培养目标要求，充分体现专业特点，兼顾专业知识的深度和广度，既要有利于基本理论、基本设计原则、基本方法的综合应用，又要有利于创新精神和实践能力的培养。

学术性原则。毕业设计（论文）不是学生所学知识的简单运用，而是知识的综合运用，并且在这一过程中使知识和能力得到进一步深化和提高。因此选题必须具有一定的学术性，有一定的深度和难度，能从一定的理论高度分析和解决实际问题。

新颖性原则。对于理论研究课题，要求有新视野、新素材，能提出新见解，得出新结论；对于应用研究课题，应能提出新方法或技术，体现应用价值。

可能性原则。选题必须考虑完成的现实可能性，必须从实际出发考虑学生的知识结构、研究能力和学校提供的实验仪器设备等条件。另外，毕业设计（论文）因有时间的限制，选题应适中，有利于学生按期完成。

三、毕业设计（论文）指导教师

毕业设计（论文）的指导教师原则上由本校讲师及以上职称（或具有硕士以上学位）的教师担任，指导数量原则上不超过 8 篇。毕业设计（论文）主要内容依托校外课题等的，可以聘请对方单位中级以上职称的专业人员担任指导教师，学校同时配备一名校内指导教师，共同承担学生的指导工作。指导教师应履行自己的岗位职责，并严格按照"本科生毕业设计（论文）基本规范要求"（**附件 9**），认真地做好毕业设计（论文）的指导工作。

学校每学年开展"百优"毕业设计（论文）及优秀指导教师的评选工作。优秀指导教师由学院按照指导教师总数的 10% 推荐，原则上优秀指导教师指导的毕业设计（论文）优秀率控制在 20% 左右。

四、毕业设计（论文）答辩和成绩评定

（一）答辩

1）原则上要求实行全员答辩。论文答辩由学院教学工作委员会委托毕业设计（论文）答辩小组主持，小组由 3~5 位教师组成。答辩时既要质询设计（论文）中关键问题，又要考查学生掌握基本理论、基础知识和基本技能的情况，以及分析、解决问题的能力。

2）毕业设计（论文）应由答辩组一位以上成员详细评阅，写出评阅意见，并根据课题所涉及内容和要求，准备好基本概念、基本理论、设计结果分析等不同难度的问题，以备答辩时选用。指导教师不能兼任所指导学生的毕业设计（论文）评阅人。评阅教师必须具有中级以上职称。

3）答辩时间一般为 30 分钟。先由学生作简要阐述，再由答辩教师提问。答辩时应允许其他人员旁听。答辩必须有记录，答辩小组成员必须在记录上签字。

（二）成绩评定

毕业设计（论文）成绩评定采用优秀、良好、中等、及格、不及格五级记分制，各等级评定标准如下：

优秀。学生有较强的独立工作能力，能综合运用所学知识分析、解决实际问题，较好地完成毕业设计（论文）任务书中规定的全部任务，内容正确，观点鲜明并有一定的创见或实用价值。

良好。学生有一定的独立工作能力，能运用所学知识分析、解决实际问题，较好地完成毕业设计（论文）任务书中规定的全部任务，内容正确。

中等。能运用所学知识分析、解决实际问题，能完成毕业设计（论文）任务书中规定的任务，内容基本正确。

及格。毕业设计（论文）的主要部分内容正确，但其他部分有非原则性错误，基本上达到毕业设计（论文）任务书中所规定的要求。

不及格。在毕业设计（论文）过程中工作不认真，拖延不交毕业设计（论文），不能完成任务书中规定的基本任务，毕业设计（论文）质量较差，在主要部分有原则性错误，未达到基本教学要求。

指导教师、评阅教师、答辩小组评分依据江西师范大学"本科生毕业设计（论文）过程管理手册"（详见**附件 11**）相关评价指标体系执行。

学院毕业设计（论文）领导小组负责综合评定等级，成绩优秀率控制在 20%左右、优良率控制在 70% 左右。其报教务处核准后，再向学生公布。

学院毕业设计（论文）领导小组不能更改指导教师、评阅教师和答辩小组的原始评分，综合评定等级前，须分专业按指导教师评分、评阅教师评分、答辩小组评分分别占比 30%、30%、40% 计算参考分数，在全年级统筹评定。

五、毕业设计（论文）归档

毕业设计（论文）原件、附件、过程管理手册、外语译文（附外文原文），及毕业设计（论文）等相关电子稿，学院应统一存档。学院应建立健全的毕业设计（论文）管理制度。毕业设计（论文）有关原始材料保存至学生毕业后 10 年。

第十节　学业、德育双答辩

一、德育答辩

德育答辩是贯彻学校《关于建立健全师德师风建设长效机制的意见》（校党发

〔2011〕1 号）文件精神的具体举措，是坚持"以生为本，以德为先"教育理念，努力培养复合创新型高级专门人才的重要环节。

德育答辩是通过有针对性地引导大学生运用小结、总结、评议、答辩等方式对自身大学学习、生活不断进行回顾、反思和展望，以促进大学生优良品行的养成过程。

二、工作原则

坚持将德育与学科专业教育相结合原则。把德育教育作为学校人才培养的重要组成部分，融入学生学科专业教育中，贯穿于教书育人全过程。

坚持教育与自我教育相结合原则。积极发挥学校党团组织、学工干部和广大教师，特别是"两课"教师的教育引导作用，调动学生积极性和主动性，引导学生自我教育。

坚持实效性、科学性原则。努力解决学生成长过程中的思想问题和实际问题，以理服人、以情感人，增强德育答辩的实际效果。尊重学生个人隐私，不断完善工作方法与体系，体现时代性，增强科学性。

三、工作内容

德育答辩包括入学教育、学年评议、毕业总结、德育答辩和成绩评定五个环节。

（一）入学教育

该环节在新生刚入学时进行，对象为全体新生。

在新生入学教育中集中安排，专题讲解德育答辩的重要意义、基本内容和过程要求，介绍江西师范大学学生品德要求和行为规范，指导大学生制定自身品德养成计划，以促使大学生自觉提升个人素养，实现自身的全面发展。

教育形式：专题讲座，学生 2 课时。

主讲教师：各学院党委副书记、团委书记（负责人）。

（二）学年评议

学年评议在每年 9 月下旬进行，对象为非新生。

学生自我小结。学生结合上一学年度实际表现，重点从"爱国荣校，服务人民；团结友爱，诚实守信；整洁有序，节制有度；勤奋好学，自信自强；正直勇敢，积极进取；崇真向善，追求卓越"六个方面，剖析自己在价值观念、为人处世和修身自律等方面的认识、现状和不足，提出改进计划，撰写学年小结，填写"江西师范大学本科生德育答辩手册"（**附件 22**）的学年评议表（分学年填写，四年制填写一二三学年，五年制填写一二三四学年）。

组建评议小组。在学院党、团组织的指导下，分班成立评议小组，评议小组原则上不少于 7 人，由班级团支部书记任组长。

开展汇报交流。汇报交流以小组形式开展，原则上每组不多于 20 人，每人汇报 5 分钟，重点汇报与人相处、修身自律和平时操行等方面的体会、不足及改进计划。评议小组参加各组的汇报交流，记录汇报交流情况。

学年成绩评定。评议小组综合学年小结、汇报交流和现实表现等情况进行充分评议，并对每位同学打分，去掉一个最高分、一个最低分后取平均值，评定最后成绩，记录在德育答辩手册，并填写评语。

评议信息反馈。评议小组及时公布评议成绩、反馈评议信息，对评议为"不合格"者，由学院团委书记（负责人）单独反馈评议意见，并指导、督促整改，下一学年评议时重点评议。每学年评议结束后，德育答辩手册交由学院团委保存。

（三）毕业总结

毕业总结在 4 月下旬至 5 月上旬进行，对象为毕业生。

在本科生毕业设计（论文）指导老师的指导下，毕业生结合自己大学期间的成长经历撰写毕业总结，回顾大学生活，阐述心路历程，对成功和失败进行自我评判和反思，进一步明确自己的人生追求，制订今后的目标和计划。总结题目自拟，内容不少于 2000 字，涵盖思想政治、专业学习、文化素养、人际交往、社会实践、择业就业等方面的内容，填写"江西师范大学本科生德育答辩手册"（**附件 22**）的毕业总结表。毕业总结表填写完成后交辅导员（班主任）审阅。

（四）德育答辩

德育答辩在 5 月与本科生毕业设计（论文）答辩同时进行，对象为毕业生。

德育答辩环节由本科生毕业设计（论文）答辩工作小组组织实施，不另设德育答辩工作小组。答辩工作小组要有政工干部参加，要认真听取学生陈述，严格进行评审，客观公正评分，并对整个答辩过程进行详细记录。

答辩具体步骤：

1）学生陈述。学生结合毕业总结，将自己大学生活的收获、意义、不足及以后的计划向师生作公开汇报，时间为 10 分钟。鼓励学生借助视频、音乐、图片等多种媒介，充分展示自我。

2）教师提问。答辩小组成员针对学生毕业总结和现实表现现场提问。

3）学生回答。对教师的提问进行回答，不回答的问题不能超过提问总数的 20%。

4）交流反馈。答辩工作小组对每位毕业生毕业总结及答辩中存在的问题要及时进行纠正，达到进一步教育引导学生的目的。

5）现场评分。答辩工作小组根据学生现场答辩的实际情况当场给分，去掉一个最高分、一个最低分，再取平均分作为答辩环节评分，写入"江西师范大学本科生德育答辩手册"（**附件 22**）的德育答辩鉴定表。答辩过程的基本要求是观点表达清楚，回答问题基本准确；准备充分，在规定时间内完成答辩。

（五）成绩评定

学年评议、德育答辩的成绩采用 100 分制，德育成绩评定采用五级记分制，即：优、良、中、合格和不合格。

学生最终德育成绩由学年评议、德育答辩等项成绩平均加权得出，由学院本科生毕业设计（论文）答辩工作小组进行计算，并评定学生德育成绩等级，记录在"江西师范大学本科生德育答辩手册"（**附件 22**）的德育答辩鉴定表。

德育答辩在培养方案中计 1 学分，德育成绩鉴定获"合格"以上者，获得学分。学年评议、德育答辩、德育成绩等级等录入"教务在线"学籍系统归档。

德育答辩成绩优异，在校期间有重大突出表现，在学校、社会引起良好反响的学生，毕业时授予"正大学子"荣誉称号。

四、工作要求

各学院要充分认识学校德育的重要性，高度重视德育答辩工作，精心部署，认真组织，严格落实，确保该项工作顺利推进。

各班级班主任对学生的德育答辩有全程指导职责，要细心关注学生的思想动态，帮助学生提高认知能力，矫正认知偏见，促进学生优良操行的养成，促进学生健康成长。

"两课"教师要在课堂教学中有效实施思想品德教育，加强对学生思想教育和道德引领，发挥"两课"在学校德育工作中的主渠道作用。

学年评议、德育答辩等环节的评分要严格要求、统一标准、实事求是、保证质量，做到公开、公平、公正。

学院团委要设立档案专柜，妥善保管在校学生的"江西师范大学本科生德育答辩手册"，德育答辩所有环节结束后，答辩手册可制作副本由学生自己保存。

第六章

"第二、第三课堂"管理

第一节 第二、第三课堂

第二课堂是指学校组织学生自觉参与主要在校内完成的第一课堂外的各类教育教学活动,是学校通识教育的重要构成部分,也是专业教育的延伸和拓展。第二课堂主要包括课外科技竞赛、创新创业和素质拓展教育等。

第三课堂是指学校支持学生主动参与主要在校外完成的、有目的、有计划的教育教学活动,主要包括学生假期第二校园经历、校外在线开放课程学习及校外自主创业等。

第二节 课外科技创新创业竞赛

一、课外科技创新创业竞赛内容

课外科技创新创业竞赛实行项目申报、审批制度。目前纳入学校组织的课外科技竞赛和创新创业竞赛主要包括"挑战杯"全国大学生课外学术科技作品竞赛、"创青春"全国大学生创业大赛(包含创业计划竞赛、创业实践挑战赛及公益创业赛等三大主体赛事)、中国"互联网+"大学生创新创业大赛、全国大学生数学建模竞赛、全国大学生电子设计竞赛、全国大学生广告设计竞赛、全国大学生"挑战杯"竞赛,以及其他经认定由上级教育行政部门主办的重大学生课外科技活动或在全国具有较大规模和影响的大学生赛事。

对参加培训的学生,学校从竞赛专项经费中给予一定的资助,必要时出具相应证明。对参与指导竞赛的老师,学校按有关规定核发教学基本建设工作量。

二、课外科技创新创业竞赛奖励

对参加以上竞赛活动并取得省级或国家级奖励者,学校给予奖励。"挑战杯"全国大学生课外学术科技作品竞赛、"创青春"全国大学生创业大赛(包含创业计划竞赛、创业实践挑战赛及公益创业赛等三大主体赛事）和中国"互联网＋"大学生创新创业大赛的奖励办法参照《江西师范大学大学生创新创业竞赛奖励办法（试行）》。其他竞赛活动奖励为：获省级一等奖的代表队，每队奖 3000 元；获省级二等奖的代表队，每队奖 1000 元；获省级三等奖的代表队，每队奖 500 元；获国家级一等奖的代表队，每队奖 10000 元；获国家级二等奖的代表队，每队奖 5000 元；获国家级三等奖的代表队与获得省一等奖的奖励相同。非代表队形式参加竞赛活动获奖者，酌情给予一定金额的奖励，如同时取得两个层次以上的奖励，以最高奖励为准，不重复计算。

学生获得以上奖励后，在推荐免试保送研究生、推荐就业等方面可享受一定的优惠政策。

根据江西省教育厅赣教高字〔2003〕44 号文件精神，确认获奖指导教师的教学成果等级。参赛队获全国一等奖、全国二等奖的，可相应享受省教学成果二等奖、三等奖的待遇；获全省一等奖、二等奖的，可相应享受校教学成果二等奖、三等奖的待遇；对组织参加竞赛工作有力、竞赛成绩突出的个人，学校给予相应的表彰奖励。

同时，在各项赛事中，对取得全省一等奖、全国二等奖以上成绩的指导教师和主要组织者，学校在晋升职称（务）、评选优秀教师和其他待遇方面在同等情况下给予优先考虑，并给予相应物质奖励。

获奖人员名单和教练组（指导教师组）成员名单由教务处确定。

第三节 "素质拓展"教育

一、"素质拓展"教育的内容

素质拓展教育共分六类认证内容。包括：思想政治与道德修养，共 47 项认证内容；社会实际与志愿服务，共 178 项认证内容；学术科技与创新创业，共 35 项认证内容；文化艺术与身心发展，共 68 项认证内容；社会工作与社团活动，共 93 项认证内容；技能培训及其他，共 25 项认证内容。详见《江西师范大学第二课堂学分管理实施细则》（**附件 14**）。

二、"素质拓展"教育的实施

学校成立校、院二级大学生素质拓展计划实施工作领导小组，领导和规划全校大学生素质拓展工作，日常工作分别由校、院团委负责。

实施大学生素质拓展计划的组织机构有学校大学生素质拓展中心、学院大学生素质拓展中心和团支部素质拓展认证小组。

第四节 "第二、第三课堂"学分管理

一、"第二、第三课堂"学分标准

学校将"第二、第三课堂"活动内容分类进行学分量化，凡我校全日制学生在校期间必须取得 3 个"第二课堂"学分，方可向学校申请毕业，其中课外科技竞赛可计入创新创业学分（不超过 10 学分）。"第三课堂"学分通过学分转换计入毕业总学分。"第二、第三课堂"具体学分标准如表 6-1 所示。

表 6-1 "第二、第三课堂"具体学分标准

项目	等级或内容	学分	认定依据	备注
学术论文、论著、作品	SCI（Ⅰ、Ⅱ区），SSCI，A&HCI，权威刊物	5	有正式刊号的学术类刊物，提供刊物封面、封底、目录和文章正文；期刊级别按学校期刊赛级标准确定。报刊上文字类作品一般不少于1500字	第一作者计满分，第二以下依次减少1分
	SCI（Ⅲ、Ⅳ区）、EI（光盘版）、一级刊物	4		
	CPCI-S，EI（Page one），会议论文或增刊被SCI、EI、A&HCI收录，二级刊物	2		
科技成果获奖	省部级	5	以证书、证明为准	第一作者计满分，第二以下依次减少1分
	厅局级	3		
发明及专利	取得发明专利	4	以证书、证明为准	第一作者计满分，第二以下依次减少1分
	发明专利通过初级审查	2		
	获国家授权的实用新型专利和外观设计专利	1		
	计算机软件著作权登记	1		
课题	国家级立项并结题	3	提供立项和结题证明	负责人计满分，排名第二到第四减半
	省部级立项并结题	2		
	市厅级立项并结题	1		
课外学术竞赛、技能比赛	国家级一等奖及以上	3	以获奖证书或举办单位文件为准，并经教务处认定。同一竞赛一年内就高申请一项	
	国家级二等奖	2		
	省级一等奖及以上	1		
校内创业实践	学生自主创办注册公司	3	工商营业执照、股权结构证明和公司近一年运行情况	创业团队第一实践者可获3学分，第二实践者可获2学分，其他成员可获1学分，创业团队排名由团队自行解决

续表

项目	等级或内容	学分	认定依据	备注
校外创业实践（休学期间）	学生自主创办注册公司	5	工商营业执照、股权结构证明和公司近一年运行情况	创业团队第一实践者可获5学分，第二实践者可获3学分，其他成员可获2学分，创业团队排名由团队自行解决
校外在线开放课堂学习	第二校园经历计划、公派出国（境）留学		校外学习学校盖章的成绩证明	以提供的成绩证明学分转换后计入总学分
	校外在线开放课程		网络课程认定的成绩证明	

二、"第二、第三课堂"学分认定

"第二课堂"学分认定程序：①学院大学生素质拓展认证中心办公室在根据"大学生素质拓展认证申报表"对学生的素质拓展认证的同时，确认学生"第二课堂"学分绩点并进行登记。②学院大学生素质拓展认证中心办公室每学年统计一次毕业班学生的"第二课堂"学分绩点情况，经学校大学生素质拓展认证中心办公室认定后，报教务处备案。

"第三课堂"学分认定程序：在每学期开学初两周内，学生应通过"教务在线"（网页右下角）下载栏目下载并填写好"江西师范大学第三课堂学分认定申请表"，同时将盖有外校单位公章或网络认证后的开放课程成绩单等依据一并报学院教务办公室，学院审核后由教务处统一认定。

第七章

教学信息化

第一节　教学管理信息化

一、教学信息化组织

教学信息化是教学工作现代化的重要组成部分。它在教学工作中起着举足轻重的作用。积极开展教学信息化建设是提高教学工作水平和保证教学质量的关键措施之一。教学信息化建设、管理和维护的基本原则为"统筹规划、规范管理、安全高效"。

学校专门设立教学信息化工作领导小组，同时成立注册中心。注册中心挂靠教务处，对全校教学信息进行统一管理。主要职责：

1）制定全校教学信息系统规划、建设、管理的有关规章制度。

2）指导和检查全校教学信息系统的运行、建设、管理和安全保密工作。

3）负责教学信息管理系统的硬、软件和数据库的维护工作。

4）实施教学信息系统的账户权限、口令管理。

5）指导和协调各教学单位、职能部门的有关人员进行系统操作。

6）提供教学信息服务。

各教学单位行政一把手为本单位教学信息建设、管理的责任人，该单位分管教学的领导负直接领导责任。教学秘书在指定权限内具体负责本单位数据的维护工作。主要职责：

1）在注册中心的业务指导下，负责管理本单位的教学信息管理专用工作站及相应软件。

2）学生基本信息的维护与更新。

3）学生成绩、培养方案及开课计划的录入、核对和更正、更新。

相关职能部门至少应指派两人作为教学信息系统的管理负责人（名单报注册中心备案）。其中一名为主要管理员，一人为后备管理人员。主要职责：

1）在注册中心的指导下，负责管理本单位的教学信息管理专用的工作站及系统软件。

2）依据所授权限使用和维护本单位数据。

学校信息化办公室负有以下职责：

1）计算机通信网络的连通、维护和管理，确保教学信息网络硬件平台的稳定畅通。

2）网络信息安全的技术培训和管理。

现代教学技术应用中心负有以下职责：

1）负责维护位于计算中心机房内的选课子系统的软硬件资源。

2）协助教务处组织学生进行教学、选课、教学质量评价等网上教学活动。

二、教学信息化标准

教学内容的信息化是项长期而艰巨的任务，其基本技术标准主要依据中华人民共和国教育部颁布的《教育管理信息化标准》。当前江西师范大学教学工作的主要技术标准有下列四种。

专业信息化主要字段名称标准：专业门类、专业科类、专业目录、目录类别、专业名称、专业简称、专业师范性质、学历、学制、设立时间、专业限选学分、毕业最低学分、培养目标、培养要求、方向介绍、主干学科、相近专业、审批文号等。

课程信息化主要字段名称标准：课程号、课程名称、课程名称标识、课程英文名称、学分、各类学时、各类规模系数、各类课型系数、成绩算法、课程目的、内容简介、适用对象、学习要求、领衔教师、课程归属、教材 ISBN、先修课程、考核方式、课程教学历史、课程教改情况、参考书目、课程资源超链接，以及课程内容的章 / 节 / 点标题、要点、要求、课时、重点、难点及相应内容等。

单位信息化主要字段名称标准：单位号、单位名称、单位性质、单位简称、密码、密码提示问题、密码提示答案等。

人员信息化主要字段名称标准：学号、教号、姓名、别名、假名、性别、密码、密码提示问题、密码提示答案、出生日期、身份证号、政治面貌号、通讯号码、电子邮件、民族、籍贯、档案序号、档案纪要、考生类别、入学方式、入学时间、入学前单位、高中会考号、入学外语卷种、县区号、邮政编码、通信地址、家庭住址、身高、体重、视力、色觉、血型、体育达标、英语等级、计算机等级、毕业时间、毕业外语审核、毕业普通话审核、毕业计算机审核、毕业设计题目、毕业设计成绩等级、毕业设计指导教师、社会实践学分、创新研究学分、毕业证号、学位证号、第二学位证号、未获毕业原因、未获学位原因、奖励、处分、特长情况、学生证号、乘车区间、录简表行号、录简表页号、录简表册号、备注等。

三、教学信息化安全

注册中心和各接入单位必须采取各种技术及行政手段，保证网络安全和信息安全。

各级网络安全管理实行主管负责制与责任追究制。

各级管理人员必须妥善保管本单位及本人的系统口令，如出现因口令泄密造成数据被恶意删改等重大责任事故，一切后果由责任人承担。

各单位教学秘书在修改系统数据前须经本单位分管领导批准，提出书面报告（一式两份），一份送教务处审批，一份留本单位登记存档。

注册中心负责系统信息监控，对违反规定的用户，应责令其整改，严重的应停止使用权限。

各单位设备机房属于安全保密重地，必须遵守"专管专用"的原则，未经允许任何人不得擅入，不得擅自移动、拆卸和改接系统设备。

使用教学信息管理系统的所有单位，包括教务处各科室、注册中心、相关职能部门、各教学单位等，均应设置专用文件柜存放重要数据的纸质档案等有关材料，指派专人管理，建立相应的档案管理制度。

注册中心应每天对系统数据库进行备份。任何时候系统均应在不同设备上保持有两个备份，以防意外。

第二节　教学资源信息化

一、建设内容与目标

"正大微课"。以专业学位课程为重点，按照教学目标，记录围绕课程中某个知识点（重点、难点、疑点）而开展的精彩教与学活动过程的一段视频，为课程学习提供解疑释难。

精品视频公开课。以公共选修课、专业导论课为主，以名师名课为基础，为弘扬社会主义核心价值体系，传播人类文明优秀成果和现代科学技术前沿知识，提升学生科学文化与专业素养而开展的精彩教与学活动过程视频。

精品资源共享课。以现有各级精品课程为龙头，以专业必修课为重点，旨在推动学校优质课程教学资源共建共享，促进教育教学观念转变、内容更新和教学方法改革的各类网络共享课程。

MOOC（massive open online courses，慕课）。以公共必修课、学科基础课为主，允许学生在慕课平台上注册后，通过参与线上线下教学视频观看、提交作业、学习讨论、教学考核等完整教学过程并获得相应学分的网络在线课程。学校依托省课程共享中心积极构建慕课平台。

二、建设方式与要求

（一）建设方式

数字化优质教学资源建设采用课程团队项目申报制，每学期组织申报一次，项目建设周期原则上为1~3年。项目主讲教师应为学校正式在岗在编教师，学校优先支持"十佳百优"等教学名师参与项目建设。项目所涉教学内容应为经过教学实践检验的优质教学资源，学校支持"星级课程"等能够彰显本校办学特色和学科优势，具有先进的教学理念、方式、方法、手段和一流教学水平的名课优先进行数字化改造。

（二）制作要求

数字化优质教学资源建设制作必须严格执行国家有关法律法规及有关媒体制作、传播标准和规范。

课程类要求不仅要组织好基本资源建设，更要积极开展拓展资源建设，教学内容注意适合网上公开使用，避免知识产权纠纷。其中基本资源主要包括能反映课程教学思想、教学内容、教学方法、教学过程的核心资源，主要包括课程简介、教学大纲、教学日历、教案或演示文稿、重点难点指导、作业、参考资料目录、在线学习资源介绍和课程全程教学录像等反映教学活动必需的资源；拓展资源主要包括反映课程特点，应用于各教学与学习环节，支持课程教学和学习过程，较为成熟的多样性、交互性辅助资源，如案例库、专题讲座库、素材资源库，学科专业知识检索系统、演示／虚拟／仿真实验实训（实习）系统、试题库系统、作业系统、在线自测／考试系统，课程教学、学习和交流工具及综合应用多媒体技术建设的网络课程等。

课程教学团队应及时维护、更新和完善教学资源，每学年向课程平台提交的资源更新比例不得低于10%。学校鼓励课程团队编撰出版相应优秀教材，推动学校教材建设，提升学校教学水平和办学影响力。

（三）教学要求

必须加强数字化优质教学资源在实际课堂教学环节中的应用、促进学生自主在线学习，推动教学方式转变。

开展网络答疑。课程团队须安排专人管理上网课程及其学习社区，要及时通过网络平台解答学习者提出的与课程及教学相关的问题，并积极在网上开展教学研讨及与学习者的互动交流。

推行"翻转课堂"。课程团队应加强课程教学方式的转变，加强网络课程资源在实际教学中的应用，推行"翻转课堂"教学方式，按课程特点，原则上应从课程总学时数中安排一定的学时数用于学生主动学习网上的授课录像等资源，实际课堂中不再进行传统知识的讲授，主要围绕具体目标、任务和问题开展启发式、讨论式、研究型教学，积极构建"传统教育＋在线环境"的混合情境，增强学生学习的自觉性和自主性，提升个性化互动教学水平。

强化过程考核。课程团队应结合课程教学的实际和需要，改革课程考核方式，重视形成性学习评价，丰富和完善学生网上测验、练习等考核环节，加大网上测验、练习的分值在平时成绩中比重。学校着重结合教务在线上"教学互动"的"课程讨论"等网络教学应用开展专业、课程和教师课程星级教学评价。

三、政策支持与保障服务

（一）组织保障

现代教育技术中心挂靠教务处，负责跟踪国内外教育信息技术发展前沿，承担学校数字化优质教学资源建设的引进、制作、收集、发布、推广、培训、管理、维护，统筹规划数字化优质教学资源建设各项规章制度，组建优秀专业设计、开发和管理团队，建设高标准课程教学录播室，添置先进视频制作仪器设备，积极构建数字化优质教学资源建设平台。

（二）政策支持

对立项建设课程类，学校根据建设基础、应用前景、立项级别从教学经费中分三批次给予省级视频公开课 5 万元、省级精品资源共享课 10 万元、省级慕课 15 万元，国家级视频公开课 10 万元、国家级精品资源共享课 15 万元、国家级慕课 20 万元建设经费支持。对通过审核上线的"正大微课"学校资助设计制作费用每段 1000 元（申报立项时先期预支 40% 启动费）。

对在立项期内，建设成效明显、达到学校制作和教学要求并通过审核上线运行的课程（精品资源共享课、慕课）给予每门每学期 64 学时非课堂教学工作量津贴，对取得相应省、国家级本科教学工程项目者，另按本科教学突出业绩奖励办法给予课程团队和学院重奖。

学校将数字化优质教学资源建设项目制作上线及教学应用情况依据本科教学工作常态监控办法纳入教学工作常态监控，每年依据《江西师范大学年度学院绩效考核实施细则》分专业组织单项考评并结合本科教学突出业绩奖励办法实施奖惩。

第三节　教学文档管理

一、教学文档建设

教学文档建设主要是把学校教学管理各个层次的教学实践、教学研究和管理活动中形成的，已经结束或告一段落，具有保存价值的教学文件材料按照要求收集齐全，系统整理，及时归档。在收集整理材料时，数据必须做到完整统一，同时要做到真实、准确、原始、全面，即原始材料有原件，统计材料要准确，总结材料要全面。文字材料外的材料应在目录中注明媒体类型，如照片档案应有附加说明，注明时间、地点、人物、内容；电子档案资料（录音、录像、光盘）也应有附加说明，包含内容、录音（像）时间、容量等。

二、教学文档分类

课务档案：开课计划，课程表，教学日历，调停课申请表等。

考务档案：考试安排表，试卷（含评分标准和试卷分析），大学英语应用能力考试，英语四/六级考试，计算机等级考试等通过情况，普通话水平测试记录等。

学籍档案：学生名册，学生照片册，原始成绩登记表，学生学籍登记表等。

师范类学生教育实习档案：学院实习计划（含实习学生、指导教师名单和分布学校），学生实习小结，学生班主任工作、教学实习成绩评定表，学院实习总结，教育教学实习基地建设材料等。

非师范类学生毕业实习（生产实习）档案：学院实习计划（含实习任务书，实习学生、指导教师名单及实习场所分布），学生专业实习情况小结，学生专业实习成绩评定表，学院实习总结，专业实习基地建设材料等。

实践教学档案（如美术、地理、政治思想教育、社会工作等专业的野外写生、考察、课程实习、课程设计、社会调查等教学档案）：实践教学大纲，实践教学计划或方案（含学生、指导教师名单及实践场所分布），学生实践小结，实践考核表，学院各类实践教学总结，实践基地建设情况材料（含基地建设报告、建设计划、建设总结、协议书等）等。

实验教学档案：实验教学大纲（或实验指导书），实验运行记录本，实验室开放记录，实验教学进度表，实验项目变更申请表，实验室新建、改建、扩建报告和建设总结，实验室仪器设备清单，实验材料购置、消耗、库存明细表，实验教学数据表，学生实验、实训报告，年度实验教学总结（含特色与经验）等。

毕业设计（论文）档案：毕业设计（论文）选题册，学生毕业设计（论文）集，学生毕业设计（论文）成绩评定汇总表（含题目、指导教师名单），学院毕业设计（论文）工作计划、总结及选题分析和质量分析报告，优秀毕业设计（论文）目录等。

教学管理和教学评价档案：学院教学工作委员会工作记录（含会议记录、工作图片资料等），学院年度（或学期）教学工作计划，学院年度教学工作总结，期中教学检查计划和总结，教学检查座谈会记录，各类人员的听课记录，教学质量评价表及评价结果，教学事故处理记录和相关材料，专职教学管理人员一览表（按年度）等。

教学研究档案：学院教学管理干部及教师发表教学研究论文目录清单及论文复印件（按年统计汇总），学院开展教育思想学习与讨论的有关材料（论文集、论文报告会纪要等），各级教改项目汇总表及附件（含申报表、结项报告、鉴定表、成果）等。

专业建设档案：专业建设规划，专业建设申报材料，专业建设总结材料，专业培养方案及其论证报告，辅修、专升本专业培养方案，专业教学指导书，专业选课指南等。

课程建设档案：课程大纲汇编，课程建设规划，重点课程建设申报材料，重点课程建设验收评审材料，教材建设规划，教材建设申报材料，教材建设验收评审材料，已出版教材目录和教材原件，获奖教材目录、证书复印件和教材原件，教材预订统计表，网络课程相关文档材料、多媒体课件建设材料，教学内容、方法和手段改革及考试内容、方法和手段改革相关材料，双语教学课程建设相关材料等。

师资队伍建设档案：师资队伍建设规划及相关文件材料，教师队伍现状汇总表（按年统计），青年教师培养方案及实施办法，国家、省、校各级人才培养工程培养对象有关材料，校级各类教学评奖和教学竞赛申报、评审材料及证书复印件，校级以上各类教学评奖申报、评审材料及证书复印件，教师教学业务档案（含历年教学任务记录和教学工作总结、教学质量考核、教学类奖惩材料、教学综合考核、进修提高、职务职称变动、任教资格、聘书等），教书育人、为人师表获奖典型事例汇总材料，学院教风建设相关材料，教师科研成果汇总表等。

学风建设档案：加强学风建设和本科生导师制相关材料，学生参加科研工作情况及公开发表论文、发明创作、学科竞赛获奖等统计表（分年级、分类统计），学生违纪处分相关材料，学生（或集体）受各级各类表彰情况，学生素质发展综合测评及对毕业生综合素质的评价与分析报告，学生文化素质教育有关材料，学生就业、"考研"有关材料，各专业生源材料，学生学习与实践成果原件或复印件等。

学院教学管理制度档案：学院各类教学管理制度，其他各类教学工作的材料，如学院五年发展规划（"九五"以来），有关教学建设与改革或教学工作特色总结的资料等。

三、归档要求

统计材料、各类表格统一用 A4 纸打印或复印，个别较大的表格用 A3 纸打印。总结材料一律用 A4 纸打印。一般情况下，统计材料、总结材料的版面要求：页面设置均采用默认设置。字体要求：正文要求为宋体四号字，大标题为二号字，加粗、居中，小标题与正文字体相同，需加粗。字符间距为标准，段落行间距为固定值 25 磅，序号采用非自动排版形式，档案制成材料质量优良、字迹工整，图像清晰。

文件材料收集齐全，且审核、签发手续完备。

教学文档根据《江西师范大学教学文档分类目录》进行归档，按要求在档案盒外脊背上写清材料编号和教学档案分类目录名称。如"JJ.11/01（A）每学期开课计划"，如果这一目录的材料较多，需分盒陈列时，可按年份、班级、课程或自然号装订成册再装盒，并进行下一层编号，如"JJ.11/01（A）每学期开课计划（2001 年）、（2002 年）、（2003 年）/（1）、（2）、（3）"。

每个档案盒内必须列清盒内文档目录。文档目录应清晰明了，便于查找。填写"盒内文档目录"一式三份（一份盒内、一份交档案室、一份部门留查），不便装盒的一些实物材料如作业、录音、录像带、自编教材等或实物材料（如获奖作品、科技作品等）须拍制照片或列出清单，归入到相应的档案中，单位和个人的获奖证书、奖状、聘书、学位证书（硕士以上）等材料也须复印后分类归档。

第八章

教学质量保障

第一节　教学质量保障体系

一、校教育教学评估中心

学校不断完善以高质量的制度建设为核心的人才培养质量保障体系建设，努力追求"一流本科教育"。成立教育教学评估中心，评估中心专家由学校聘任，聘任基本条件为：有较高的教学水平，较新的教育教学理念，较丰富的教学经验和教学管理工作经验，较强的教学研究和教学指导能力，身体健康、责任心强、实事求是、敢说真话的离退休教授或副教授。评估中心成员任期两年，期满视工作需要和本人意愿，可以续聘。

校教育教学评估中心的主要工作职责有：

1）负责研究指导学校的教育教学质量保障体系建设。

2）负责学校的教育督导工作，不断完善教育教学督导制度。坚持做好教育督导抄告，教学重大问题协商，师生与用人单位满意度调查和调研座谈等工作。

3）负责对接外部对学校的教育教学评估工作。做好参加外部专业评估、专业认证和上级各类审核评估工作。完成学校授权和其他部门委托的教育教学相关评估工作。组织开展毕业生人才培养质量的跟踪调查。

4）负责收集、分析、整理学校教育教学的相关信息，向学校领导、职能部门及时反馈并提出改进工作的意见或建议。

5）协助教务处开展日常教学检查等常规性本科教学质量监控工作。

6）完成由学校指派的其他任务。

二、学院教学督导组

各学院组建教学督导组，负责本学院的教学督导工作。督导专家优先聘任具有高级职称和丰富教学经验的教学名师。督导组组成实行专、兼职相结合，其中专职人员一般设 1 人、兼职若干人，优先聘任本学院"十佳百优"教师。督导组人数一般为 3~5 人。

学院教学督导组专职督导专家工资参照学校标准，按月支付，学院教学经费和学校评估专项经费各承担一半。专职督导员的其余报酬和兼职督导员的报酬由学院根据督导员实际工作情况，计算教学基本建设工作量，其中兼职督导专家听课指导计算教学基本建设工作量每年不超过 60 个。

学校定期组织学院教学督导工作评先评优，并颁发荣誉证书和奖金。学院教学督导专家聘期一般为两年，成绩突出者到期可续聘；责任心不强，履行职责不力或因故不能继续工作者可提前解聘。

学院教学督导组的主要工作职责有：

1）学院教学督导组接受学院的行政领导和校教育教学评估中心的业务指导，负责对本学院的教学工作进行检查、督促、指导、评议和调研，及时掌握并反映学院教学动态，帮助学校改进教学工作。

2）学院教学督导组实行组长负责制。负责组织本组教学督导员开展听课、督查、调研及评议等教学督察工作，负责联系与学校教育教学评估中心的工作联系，并按要求在学期初制定学期工作计划，在学期末进行工作总结。

3）对本学院教学状况（包括教学运行、教学管理、教学监督等）及教师教学工作有评定权，对教师职务晋升、奖惩有建议权。有权参与本学院的各类教学活动，对本学院人才培养方案及其运行情况进行监控，必要时将教学评估督导情况向全院通报。

4）负责不定期进行听课指导活动，专职督导每周约 4 节，兼职督导每周约 2 节，就所听课程教师的教学方法及效果等进行评价，客观专业的指出优点或不足，提出相应的指导建议。对于课堂教学效果突出的教师，可以向学院推荐，组织教学观摩，加强教学过程中的交流。

5）负责及时整理、研究、反馈所采集的信息，对于督导工作过程中发现的问题，要深入调查研究，并及时向学院领导或有关部门提出改进意见或建议。

6）负责按照相关制度及权限处理或协助学校教育教学评估中心落实督导整改意见。配合学校教育教学评估中心组织的各种教学评估督导工作，完成教育教学评估中心交办的其他临时性工作。

三、教学质量保障运行机制

学校教学质量保障机制坚持以"学"为中心、"质"为目标，紧密围绕学生学习体验和学习质量，系统设计质量监控和质量改进的方法、途径，在方式方法上争取评价指标体系多角度、多维度，在运作过程上务求参与主体多元、运维操作简练、评价标准、过程、结果全部公开透明。

学校深入贯彻落实全面、全员、全程质量管理，质量管理突出问题导向、数据支撑，强调发现问题多角度，解决问题重效率，完善机制求长效，重视运用现代科技手段，用数据说话。质量保障运行机制示意图见图 7-1。

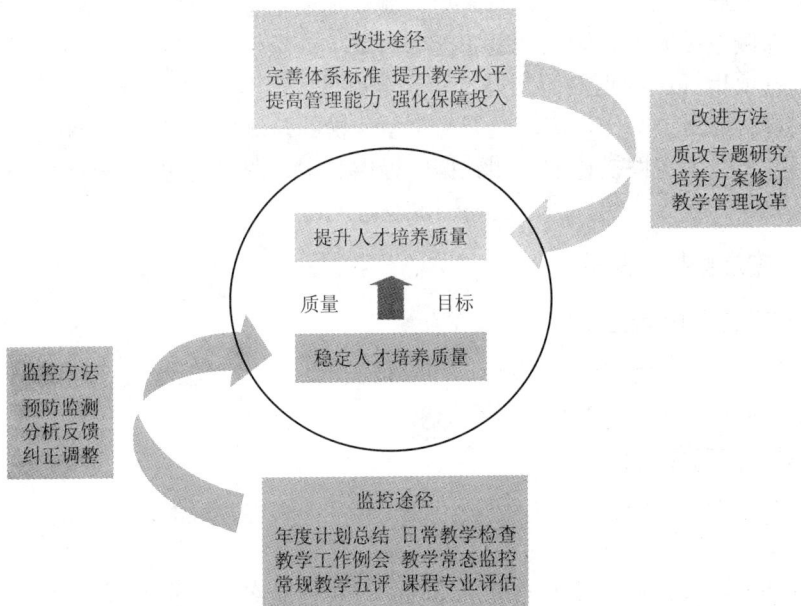

图 7-1　质量保障运行机制示意图

第二节　教学质量监控

一、教学工作常态监控

（一）监测指标

本科教学工作常态监控以专业为对象，监测指标体系参照《江西师范大学本科专业建设评估指标体系》，遵循教育教学规律和人才成长规律，坚持"课程为基、专业为体"的教学理念，选择能反映本科教学最基本、最重要的运行状况，能适用于各学科专业，且对教学工作具有导向作用的指标进行监测。常态监测指标包括：培养方案、师资条件、师德师风、课程建设、课堂教学质量、正副教授上课、试卷质量、双答辩质量、实践和实验教学、教学改革与建设、第二第三课堂、学风建设、人才培养质量、社会声誉等十四项。监测指标下设 52 个监测点，监测点分定量分析和定性描述两类，做到"定量用数据说话，定性用事实说话"（详见**附件15"江西师范大学本科教学工作常态监测指标体系（修订版）"**）。

（二）常态监测办法

建立线上线下相结合教学信息采集机制。定期汇总、反馈各类教学信息。

常态监测依据职能权限由相关职能部门或单位负责，鼓励采用监测与自主申报相结合，各项指标监测点的监测办法和计分办法由具体责任单位负责制定并解释。所有监测数据均需数字化，监测类型为定量分析的监测数据应提供数据及数据单位说明，监测类型为定性描述的监测数据应提供文字、图表说明。监测数据和得分原则上要求通过"教务在线"在监测周期内及时上传。

（三）常态监控主要措施

1．常态监测指标通报制

建立常态监测指标周报、学期报和年报制度，对本科教学工作情况进行通报，做到信息常态采集、定期发布、长期积累。

2．教学问题提案制

校教育教学评估中心专家组成员根据督导情况，将发现的问题以提案的形式提交教务处或相关单位，由相关单位进行处理与反馈。

教务处根据教学质量投诉通道中反映的问题以提案的形式提交相关单位，由相关单位进行处理与反馈。

3．专业办学警示制

依据监测结果，对办学条件相对薄弱、教学质量不高、人才培养质量欠佳、毕业生就业率过低、社会需求不足的专业，要有黄、红牌警告，在编制招生计划时，实行黄牌调减，红牌停招。

4．教学质量白皮书

白皮书由教学质量监控 WEB 应用系统自动生成。以教育教学质量白皮书为代表的教育教学质量监控与保障体系，具有鲜明的导向性，学校通过制度化、信息化建设，将教学质量的监控和评价由临时性、运动式的检查转变为长期的、有制度保证的工作。

二、领导干部听课制度

（一）听课人和听课方式

所有副处以上领导干部均应按规定下课程班级听课。听课分自由听课和教务处安排两种，以自由听课为主。

（二）听课要求

校领导每学期听课不少于 2 次；教务处、学生处和校团委领导干部，各学院教学副院长、分管学生工作的副书记每学期听课不少于 4 次；其他领导干部每学期听课不少于 3 次。

听课者必须认真、翔实填写听课记录本。

听课中发现教学环境、教学设施、教风和学风等方面问题，应及时向有关部门、院系反映并要求整改。听课后应及时与授课教师交换意见。

（三）听课管理

教育教学评估中心有义务督促有关人员执行听课制度。

听课记录本完成后，作为教学文件由教育教学评估中心和各学院分别保管，其中，校领导、各职能部门领导的听课记录本由教育教学评估中心统一保管，各教学单位领导的听课记录本由各教学单位统一保管。

听课工作作为一项常规工作纳入个人年终考核范围，年终时，教育教学评估中心负责公布领导干部的听课制度执行情况。

三、教学信息员制度

（一）教学信息员选聘

教学信息员必须符合下列条件：是全日制本科在籍学生；有较高的思想觉悟，诚实公正，作风正派；学习态度端正，成绩良好；责任心强，观察事物细致，有较强的组织能力和协调能力，热心为同学和班级服务；有一定的分析能力和文字表达能力。

教学信息员选聘由教务处负责，原则上每专业选 1 名。教学信息员队伍应保持相对稳定，如遇特殊情况可作适当调整。

（二）教学信息员职责

本着对工作认真负责的态度，广泛收集教学过程中的有关信息，将教师教学情况、学生学习情况及师生对教学资源和教学管理等方面的意见如实、客观地进行反馈，并提出符合实际的合理化建议。

（三）教学信息员任务

在规定时间内填写教学信息日记，并按时送交教学质量科。

反馈教学管理规章制度的执行情况，反映同学的意见和建议。

及时了解学校有关教学管理的各项规定和教学过程的各种情况。

准时出席教学信息员会议，提出合理化建议。

承担教务处交办的其他教学调查与教学信息收集等任务。

（四）教学信息员管理

教学信息员的管理主要由教务处负责，各学院、学生处和校团委应协同教务处搞好教学信息员队伍的建设。

教务处应当及时将教学信息员所提供的信息汇总，并向有关部门反馈。凡属教务处职责范围内的工作，应立即办理；需有关教学单位或职能部门负责处理的，应及时告知相关单位；需学校统筹考虑的，应及时向校领导反映。

对教学信息员所提意见和建议，有关单位应及时将处理意见和改进措施予以反馈，以便对工作改进情况进行监督。

（五）教学信息员奖惩

对工作表现出色的教学信息员学校将授予"江西师范大学学生优秀教学信息员"称号。"优秀教学信息员"荣誉称号与"优秀学生干部"荣誉称号属同一层次。"优秀教学信息员"每学年评选一次。对于工作表现差的教学信息员，教务处应及时更换并通报相关学院。

第三节　教学质量改进

一、教育教学督导

开展教育教学督导是实现质量改进的重要手段。教育教学督导的主要任务是代表学校对教学条件、教学管理和教学服务工作进行全程检查、评价、反馈和咨询、指导，为学校稳定和提高本科人才培养质量，提升办学水平提供咨询建议与决策依据。

教育教学督导坚持"以督促管，以导促建，督建结合，重在提高"原则，重点促进学校人才培养质量具有突破性的根本提升，主要实施教学质量保障专项督导。

学校各职能部门、各教学单位和广大师生员工应当重视和支持教学督导工作，自觉接受教学督导人员的监督和检查，对妨碍或拒绝教学督导的单位或个人，应当追究责任。

教育教学督导主要工作职责：

1）监督检查与教学相关的各职能部门和各教学单位贯彻执行国家、上级部门和学校有关教学工作的方针政策情况；

2）结合学校的中心任务，在职能部门的协助下安排督导工作；

3）监督检查各教学单位贯彻执行学校有关教学工作的政策、决定情况；

4）收集和反馈各教学单位、师生对教学管理工作的意见，教师对学生学风的意见，学生对教师教风的意见；

5）针对教学工作中存在的问题，进行跟踪调研或专题调研；

6）了解、掌握和反馈各职能部门支持、服务教学工作情况；

7）协助学校开展教学质量评估等工作；

8）与教学有关的其他工作。

教育教学督导主要工作职权：

1）查阅、复制与督导事项有关的其他文件、资料；

2）要求被督导单位就督导事项有关问题做出说明；

3）就督导事项有关问题开展调查；

4）向学校提出对被督导单位或者其相关负责人给予奖惩的建议。

教育教学督导工作基本规范：

1）教育教学评估中心在实施专项督导或者综合督导前，应当事先向被督导单位发出书面督导通知。

2）被督导单位应当按照要求进行自评，并将自评报告报送教育教学评估中心。督导组应当审核被督导单位的自评报告。督导组可以对被督导单位进行现场考察。

3）开展督导工作期间，督导工作组应当征求公众对被督导单位的意见，并采取召开座谈会、深度访谈等多种形式认真听取学生、家长、教师、协作单位和用人单位的意见。

4）督导组应当对被督导单位的自评报告、现场考察情况和公众的意见进行评议，形成初步督导意见。督导组应当向被督导单位反馈初步督导意见；被督导单位可以进行申辩。

5）教育教学评估中心应当根据督导组的初步督导意见，综合分析被督导单位的申辩意见，向被督导单位发出督导意见书。督导意见书应当就督导事项对被督导单位作出客观公正的评价；对存在的问题，应当提出限期整改要求和建议。

6）被督导单位应当根据督导意见书进行整改，并将整改情况报告教育教学评估中心。评估中心应当对被督导单位的整改情况进行核查。

7）专项督导或者综合督导结束后，评估中心应当向学校提交督导报告。督导报告原则上应当向全校公布。

二、培养方案修订

修订人才培养方案是质量改进工作的关键举措。学校应从实际需要出发，遵循教育教学规律，与时俱进，适时开展人才培养方案的修订工作，原则上每三年进行一次修订。

（一）修订培养方案基本原则

一是根本性原则。贯彻落实党的教育方针，坚持"以生为本，以德为先"办学理念，发扬学校人文主义办学传统，把促进人的全面发展和适应社会需要作为衡量人才培养水平的根本标准。

二是科学性原则。修订人才培养方案必须遵循办学规律和人才成长规律，坚持"民主科学、依法治教、问题导向、循序渐进"的基本准则，认真总结、借鉴已有教育教学改革成果和往次人才培养方案修订与实施的经验。

三是时代性原则。顺应时代发展，立足当前，面向未来，以争创一流本科教育为质量目标，深入贯彻"人人成才"理念，切实从学生自主选择多样发展等实际需求出发，着力培养学生的学习能力、表达和动手能力、创新创业能力、和谐能力，不断完善以"学"为中心的教学体系，持续提升人才培养质量。

（二）修订培养方案基本程序与要求

1. 调查研究

在日常教学管理过程中，教育教学评估中心、教务处及各教学单位要准确把握我国高等教育的发展形势，了解社会对人才培养的需求，掌握现行培养方案中存在的突出问题，组织专门队伍开展专题调查研究、分析论证，形成解决问题的工作方案，并在充分听取各方面意见的基础上，制订人才培养方案修订计划。

2. 组织领导

人才培养方案修订工作在校长的领导下，由教务处负责牵头，各学院具体组织实施。

学校成立以校长为组长，分管教学工作的副校长为副组长，教务处长、教师教育处长、教育教学评估中心主任、实验中心主任、各学院院长为成员的"人才培养方案修订工作领导小组"，以下简称"领导小组"，下设办公室和专家组。"领导小组"负责制定培养方案修订工作的指导思想、基本原则和工作方案。办公室挂靠教务处，教务处长任办公室主任，办公室负责全校人才培养方案修订工作的组织协调。专家组由校学术委员会专家组成，负责提供培养方案修订工作的咨询和审核论证。

人才培养方案修订工作的主体是二级学院。各学院应当成立"院人才培养方案修订工作组"。由院长任组长，分管教学工作的副院长为副组长，相关行业专家、教授、专业负责人等为成员，具体负责本院专业人才培养方案的修订工作。

3. 具体实施

1）人才培养方案修订计划经学校批准之后，在"领导小组"的统一组织下，进一步对国内外高水平院校和用人单位进行广泛调研，了解社会需求，借鉴其他学校先进经验，结合学校实际情况，形成江西师范大学本科专业人才培养方案修订工作的指导思想和基本原则。在征求校教学指导委员会、各教学单位、相关职能部门意见后，形成《江西师范大学关于修订本科专业人才培养方案的指导意见》（简称《指导意见》），报校长办公会批准后执行。

2）"领导小组"根据已批准的《指导意见》，确定具体的人才培养方案修订工作方案，包括修订工作日程及对各学院的具体要求，以文件形式发至各学院开展修订工作。

3）承担公共、学科基础课程教学任务的相关学院，应率先依据《指导意见》，在充分调研、论证的基础上，提出我校公共、学科基础课程改革与设置初步方案。校专家组对每门课程进行深入的研讨、论证、确定全校公共、学科基础课程的设置方案。

4）"院人才培养方案修订工作组"应当进行充分的调研，了解标杆院校相同专业的培养方案，依据普通高校专业设置有关要求，结合本专业的具体发展方向和社会需求，通过专题研究、讲座、研讨会等多种形式，积极组织广大教师、学生、家长和毕业生开展深入交流讨论，认真吸纳兄弟院系、相关行业专家、用人单位的意见和建议。在广泛听取意见的基础上，明确所属各专业的分类分型，具体的专业培养目标与规格，详细的课程设置和实践教学环节架构，形成各专业的人才培养初步方案，着手编制相应课程和实践环节的教学大纲。

5）"领导小组"听取各"院人才培养方案修订工作组"对培养方案修订工作的情况汇报，组织开展各专业培养方案间课程设置的优化与整合，及时提出各专业培养方案的整改意见，整改重点为课程设置、学分学时设置、选修比例、实践教学比例等，各学院应当高度重视修改意见并及时整改，直至达标。

6）"院人才培养方案修订工作组"组织院学术或教学工作分委员会审定各专业培养方案，完成院培养方案修订工作相关文档的归档工作。培养方案修订工作相关文档至少包含以下三份内容：各专业培养方案论证座谈会记录、征求意见反馈信息；各专业国内外各一所高水平大学相同专业的培养方案；各专业基于行业、社会调研的专业人才培养方案设置的完整论证报告（含行业企业特点、职业标准特点、人才规格要求及需求变化趋势分析等基本内容）。

7）"领导小组"组织校学术或教学工作委员会审定全校各专业人才培养方案。办公室负责各专业人才培养方案汇总、分析、录入系统、出版印刷等后续工作。

第四节　学院绩效考核

一、考核目的

为全面提升学院管理水平、办学质量和综合效益，依据学校绩效考核工作精神，特制定本实施细则。

二、适用范围

本实施细则适用于教育学院、心理学院、文学院、历史文化与旅游学院、政法学院、马克思主义学院、外国语学院、音乐学院、美术学院、商学院、数学与信息科学学院、物理与通信电子学院、化学化工学院、生命科学学院、体育学院、计算机信息工程学院、地理与环境学院、城市建设学院、传播学院、国际教育学院、软件学院、财政金融学院、初等教育学院等 23 个学院。

三、组织领导

学校绩效考核委员会下设学院考核小组（以下简称考核小组），考核小组在学校绩效考核委员会的领导下组织实施各学院绩效考核工作。

考核小组组长由分管教学工作的副校长担任，副组长由教务处主要负责人担任，成员由其他各相关党群、机关职能部门主要负责人组成，办公室设在教务处。

四、职责分工

考核小组职责：根据考核对象不同特点，具体制定、修改学院绩效考核指标体系；全面组织实施学院绩效考核工作；向考核对象提出工作改进方案；向学校绩效考核委员会提交考核结果。

教务处职责：在考核小组组长的领导下全面牵头开展学院绩效考核工作。

考核小组各成员单位职责：各成员单位在考核小组组长的领导下开展学院绩效考核工作，具体负责各考核指标的修订和计分工作。其中组织部、人事处负责代表学校与学院党、政主要负责人签订目标责任状。

五、考核内容

考核内容包括主要绩效目标、本科教学、学生工作、研究生教育、学科建设、人才队伍建设、科学研究、党的建设、信息化建设、国际化办学等 10 个一级指标。其中本科教学考核由"常态监控"（60%）、"教研教改"（20%）、"教学效果"（20%）三部分组成，教学效果主要由"三率"（毕业生考取研究生率＼毕业生考取公务员（事业单位）率＼毕业生出国留学率）和"学生学科竞赛获奖"组成。

六、考核方式

（一）指标考核

一级指标考核采用先定量后定性方式。每个一级指标分别先依据学院考核指标体系考核计分，后分优良、合格、基本合格、不合格四个等级，优良率原则上不超过 40%。

（二）评议考核

评议考核由述职考核和不同类别单位间互评组成。分优良、合格、基本合格、不合格四等，优良率原则上不超过 40%。具体方法如下。

1. 述职考核（80 分）

述职考核是由评议主体在通过述职评议大会听取考核对象的述职及平时所了解的各种工作业绩基础上，在日常管理、建设发展、群众满意等方面对单位全年度绩效的一种综合性评议。评议主体由校领导评议主体、部门负责人及群众代表评议主体两部分组成。校领导评议主体由学校领导、总会计师、校长助理组成，对考核对象的单位年度绩效进行评议打分，占评议考核分值的 30 分。部门负责人及群众代表评议主体由机关业务部门、资产经营单位、附属单位的主要负责人和教学督导组专家代表、教代会代表、学生代表组成，对考核对象的单位年度绩效和群众满意度进行评议打分，占评议考核分值的 50 分。

2. 不同类别单位间互评（20 分）

不同类别单位间互评是指机关业务部门、资产经营单位、附属单位的领导班子在日常工作中的接触、了解基础上，通过查阅网上公示的全校各学院年终总结，对各学院的全年绩效进行集中民主评议并打分的一种综合性评议。评议结果经加盖本部门公章后，由本部门负责人在评议考核时带到会场投入评议箱。为保证评议考核公平公正，各主体评议统分时舍前后 10% 取平均值。

七、考核结果

同时具备以下条件者可定为优秀学院：①主要绩效目标、本科教学、评议考核均获优良；②其他一级指标中至少获三个优良；③所有一级指标均获合格以上。

若依据上述条款可获优秀学院超过 7 个，则由学校绩效考核委员会先根据学院所获优良数（主要绩效目标、本科教学、评议考核至少获两个优良）再根据主要绩效目标得分排序的办法确定 7 个报学校决定；若依据上述条款可获优秀学院不足 7 个，学校绩效考核委员会先根据学院所获优良数（主要绩效目标、本科教学、评议考核至少获两个优良）再根据主要绩效目标得分排序的办法最多补足至 7 个报学校决定。

考核结果实行一票否决制。本年度出现下列情况直接定为不合格：①综合治理考核不合格；②计划生育工作不合格；③出现重大责任事故及严重违纪、违规和违法事件等。

考核结果同时实行一票获优制，若个别学院在年度考核期内获重大突破性业绩，可直接向学校绩效考核委员会提出获优申请，经审议后报学校决定。每年一票获优学院名额不占优秀学院评选指标，但原则上不得超过两个。

八、申辩复核

考核对象如对考核结果有异议，可于结果公示后 3 个工作日内向考核小组提出申辩，考核小组在一周内组织复议。

第五节 专业评估

一、专业评估目的

专业是高等学校依据学科分类和社会职业分工需要设置的基本办学单元，是实施人才培养、安排招生、授予学位、指导就业，进行教育统计和人才需求预测等工作的重要依据，是推进教育教学改革和提高人才培养质量的立足点和集合体。

专业评估旨在发挥评估的导向、诊断、优选、改进、调控等功能，建立专业动态调整机制，促进各学院重视和加强本科专业内涵建设，突出专业特色与优势，进一步提升专业建设和人才培养质量。

二、专业评估原则

本科专业评估应遵循"分类指导、常态监控、以评促建、强化特色"四大原则。在评估过程中应根据各类专业的历史、规模、条件、学科性质等，区分评估的侧重点，加强分类指导；应结合本科教学常态监控形成的各专业基本数据，注重数据分析，用数据说话；应有利于各专业明确办学思想，找准专业定位，提高专业发展实效，强化专业办学特色。

三、专业评估指标体系

本科专业评估指标体系由《江西省普通高等学校本科专业综合评价通用指标》和《江西师范大学本科专业评估附加指标》两部分相加组成。

评估指标体系设一级指标 9 个，二级指标 19 个，主要观测点 46 个（其中，重点观测点 10 个）。前七项"生源情况、培养模式、教学资源、本科教学工程与教学成果奖、教学质量保障、培养效果、专业特色"为省专业综合评价通用一级指标，后两项"教学运行、教学管理"为校一级指标，各主要观测点按 A、B、C 三个等级计分（详见**附件 17"江西师范大学本科专业评估指标体系"**）。

四、专业评估工作程序

本科专业评估采取专业自评、专家组考察评审、学校审核方式进行。具体程序为：

1）各专业依据专业评估指标体系，认真进行自查、自评，形成并提交自评报告。

2）各学院邀请校内外专家组成专家小组进行现场评估，专家小组通过听取各专业建设情况专题汇报，召开师生座谈会，检查教学档案，实地考察实践教学场所等形成专家小组意见。

3）学校组织评估专家组、学院领导组、教师代表组、学生代表组依据评估指标体系，结合各专业自评报告和专家小组意见，通过网上集体评审，形成评价等级，经教务处审核后予以反馈和公示。

4）教务处将公示无异议结果汇总，报校教学评议会审定后由学校发文。

5）学校组织经验交流和表彰大会。

五、专业评估结果及运用

本科专业评估结果分"五星""四星""合格"和"不合格"四类。本科专业评估结果采用基数乘星级系数方式与后两年专业教学经费分配挂钩，被评为"五星""四星""合格"和"不合格"专业的星级系数分别为 1.2、1.1、1.0、0.9。

被评为"五星""四星"级的专业，学校分别给予 5 万元、3 万元奖励，并对该专业申报的"本科教学工程项目"、教学改革项目等给予优先推荐。

对评估结果"不合格"的专业，学校于一年后再次组织评估专家组进行复评。对复评仍"不合格"的专业，将限制或者停止招生。

各专业必须根据评估专家组提出的意见和建议，采取有力措施，深入进行整改，整改措施报告应在接受评估后三个月内提交，整改成效报告应于接受评估后一年内提交。

第六节　课程评估

一、课程评估组织

课程评估专家组以学校课程建设委员会委员和教育教学评估中心人员为主体，具体由教育教学评估中心负责组织。

二、精品课程申报立项与验收

各教学单位应制定精品课程建设总体规划和年度计划。学校每年 10 月份组织开展一次精品课程建设的立项申报与评估。精品课程称号有效期四年。凡被批准列为学校精品课程建设的课程，实行动态管理。通过中期检查，对已取得初步成效的课程，继续将其列为学校精品课程建设项目范围。对建设成效不明显甚至滑坡的或经费没有落到课程建设实处的，取消精品课程项目建设资格。

三、精品课程奖励

对评选出来的精品课程颁发"精品课程证书"，并给予资金鼓励。对精品课程建设成绩突出的教师，可优先参加校级、省级优秀教学工作者的评选，并在专业技术职务评聘时给予倾斜。评为精品课程称号的课程组可优先申请重点教材建设项目。对精品课程门数列全校前三名的学院颁发课程建设先进单位奖。

附　则

　　本规程依照《关于印发＜江西师范大学本科教学工作规程＞的通知》（校发〔2008〕65 号）及 2008 年 7 月 21 日至 2016 年 12 月 31 日有关文件（附表 1）修订。本规程自发布之日起施行，由教务处负责解释。

附表　有关文件

序号	文号	文件名称
1	校发〔2008〕65号	关于印发《江西师范大学本科教学工作规程》的通知
2	教务字〔2009〕66号	关于进一步调整和完善学分制的通知
3	校发〔2011〕1号	关于印发《江西师范大学关于进一步加强考试工作的意见》的通知
4	校党发〔2011〕1号	关于建立健全师德师风建设长效机制的意见
5	校发〔2011〕93号	关于深化本科教育教学改革提高人才培养质量的若干意见
6	校发〔2011〕94号	关于印发《江西师范大学本科科学工作常态监控实施方案》的通知
7	校发〔2011〕95号	关于开展教育教学改革创新特色项目专题立项的通知
8	校发〔2012〕39号	关于印发《江西师范大学"正大学子"创新人才培养计划实施方案》的通知
9	校发〔2013〕6号	关于制订2013级本科专业人才培养方案的原则意见
10	校发〔2013〕7号	关于印发《江西师范大学专业学位课程建设管理办法》的通知
11	校发〔2013〕8号	关于印发《江西师范大学课程教范式改革项目立项与建设管理办法》的通知
12	校发〔2013〕12号	关于印发《江西师范大学课程教学"十佳百优"评选及管理办法》的通知
13	校发〔2013〕43号	关于印发《江西师范大学普通本科生自主转专业管理办法（试行）》的通知
14	校发〔2013〕59号	关于印发《江西师范大学学位授予工作细则》和《江西师范大学学士学位授予工作细则（试行）》的通知
15	校发〔2013〕73号	关于印发《江西师范大学辅修双专业双学位管理办法（试行）》的通知
16	校发〔2013〕140号	关于印发《江西师范大学本科教学改革工程项目管理办法（试行）》的通知

续表

序号	文号	文件名称
17	校发〔2013〕147号	关于印发《江西师范大学本科教学突出业绩奖励办法（试行）》的通知
18	校发〔2014〕1号	关于印发《江西师范大学本科教学工作量计算办法》的通知
19	校发〔2014〕130号	关于印发《江西师范大学2014年学院绩效考核实施细则》的通知
20	校发〔2015〕11号	关于印发《江西师范大学关于推进数字化优质教学资源建设工作方案（试行）》的通知
21	校发〔2015〕29号	关于印发《江西师范大学本科专业评估实施办法（试行）》的通知
22	校发〔2015〕79号	关于印发《关于进一步加强和改进新生教育的实施意见》的通知
23	校发〔2016〕4号	关于做好2016级本科专业人才培养方案修订工作的通知
24	校发〔2016〕7号	江西师范大学"十三五"时期人才培养专项规划
25	校发〔2016〕109号	关于印发《关于加强教学管理队伍建设的若干意见》的通知
26	校发〔2016〕50号	关于印发《江西师范大学教师本科课堂教学质量评价办法》的通知
27	校发〔2016〕89号	关于印发《江西师范大学教师本科教学业绩综合评价办法》的通知
28	校发〔2016〕103号	关于印发《江西师范大学课程教学"十佳百优"评选及管理办法（修订）》的通知
29	校发〔2016〕126号	关于印发《江西师范大学本科生德育答辩工作实施办法》的通知

附　件

附件 1　江西师范大学教学工作委员会章程

第一章　总　则

第一条　为保证学校人才培养质量，推动本科生教育高水平发展，依据《江西师范大学学术委员会章程》的有关规定，设立江西师范大学教学工作委员会，并制定本章程。

第二条　教学工作委员会是校学术委员会设置的专门委员会，在校学术委员会的领导下根据自身职能开展工作，向校学术委员会报告年度工作计划和工作总结，提交经其审议通过事项的备案材料。

第三条　教学工作委员会是学校咨询和审议人才培养和教学重大事项的学术机构，根据学校的教育理念、战略目标与发展规划，为全校教学工作决策提供咨询和审议。教学工作委员会发挥教师在大学教育中的主导作用，促进教师、学生和行政职能部门之间的沟通。

第二章　组织机构

第四条　教学工作委员会由 31~35 人组成，设主任委员 1 名、副主任委员 2~3 名。相关校领导及职能部门负责人为委员人选，依职务替代原则更换。主任委员与副主任委员经教学工作委员会全体委员选举产生。根据需要，可设立下设通识暨创新创业教育委员会、教育教学评估委员会、课程与教材建设委员会等专门委员会，其成员不限于教学工作委员会委员。专门委员会主任委员、副主任委员和委员由秘书长根据学校教学工作委员会委员的推荐和实际情况提出建议，经学校教学工作委员会主任委员同意后，报学校教学工作委员会会议审定。教学工作委员会实行任期制，每届任期 3 年。除根据职务替代原则实行更替的委员外，委员可连任。因委员退休或调离本校出现空缺时，委员会须按照该委员产生办法进行增补。

第五条　教学工作委员会委员应具备以下条件：

1）学术水平高。

2）师德修养好。

3）责任心强，办事公正。

4）熟悉人才培养规律，热爱教书育人事业。

5）教学水平高，管理经验丰富。

第六条　根据学校的学科分布，设置院（系）教学工作分委员会，负责制订院（系）本科生的培养方案和课程体系，认定本院（系）的教师授课资格，全方位监督院（系）的教学和培养的质量。院（系）教学工作分委员会接受校教学工作委员会的指导。

第七条　学校教务处为教学工作委员会秘书单位，负责提供教学工作委员会日常运行所需要的各项准备工作，具体负责实施教学工作委员会通过的决议。

第三章　职　　责

第八条　教学工作委员会根据学校学术委员会章程中的规定，对学校人才培养和教学工作中长期与整体的规划负有咨询、规划和审议的职责：

1）受学校委托，就学校人才培养理念和目标、教学政策、教学规划、教学质量监控等重大议题提供咨询。

2）受学校委托，组织专门工作小组就学校教学体系的宏观规划、人才培养模式的改革做出具体规划。

3）对各专业的培养方案、课程体系和课程结构、专业调整及其他教育教学改革等重大事项进行审议。

4）审议学校关于教师岗位任职和教师岗位职称申报的教学工作规定。

5）审议学校对教学工作有实质影响的其他各类政策和工作条例。

6）讨论和审议校学术委员会授权的其他事项。

第九条　教学工作委员会对学校教学日常工作的方案、政策负有指导和审议的职责，并对所指导、审议的各项工作负有监督职责：

1）指导、审议本科生招生及人才培养改革相关方案。

2）指导、审议学校通识教育的整体规划及其具体实施。

3）指导、审议学校本科专业设置、调整和建设规划。

4）指导、审议学校教学工作要点、工作考核要求和教学经费使用的方案。

5）协助开展全校人才培养质量的监督和评估。接受学校的委托，主持专业、课程、教材、教学实验室建设的检查和评估，提出评估、建设意见。

6）审定各类教学奖评定标准和办法，评审或推荐各类教学建设项目和教学奖项。

7）协助完成人才培养和教育教学改革的相关工作。开展专题调研，对教育、教学和教学改革实践中出现的新问题进行专题研究，提出改进意见或实施方案。

8）承担学校的其他有关教育与教学事宜。

第十条　教学工作委员会委员依据章程履行职责，不受其他组织和个人干涉，应正确运用学术权力，公正、公平地发表意见，并对委员会会议讨论和决议的事项保密。

第四章　议　事　规　则

第十一条　教学工作委员会每学年至少召开一次主任会议，由教学工作委员会主任委员、副主任委员和各分委员会主任参加，制定工作计划，研究教学工作中的重大事项。

第十二条　教学工作委员会每学年至少召开一次全体会议，通报工作计划、布置工作任务、总结工作情况。各分委员会不定期召开专题会议，讨论研究教学和教学管理工作中的具体问题。委员会需要做出决议时，可采取投票方式表决，须不少于三分之二委员到会，且经不少于到会委员总人数的三分之二同意，决议方为有效。

第十三条　教学工作委员会委员应主动了解学校的教育改革和事业发展情况，积极参与各项人才培养与教育教学改革活动，认真履行委员职责。

第十四条　根据议题内容，可由委员会主任委员确定邀请相关人员列席。

第十五条　对教学工作委员会的审议结果，相关单位和当事人如有异议，须在一周内提出复议请求；在复议请求征得不少于三分之一的委员同意后，相关事项可提交校学术委员会进行复议。经复议后做出的结论不再复议。

第五章　附　　则

第十六条　本章程经校学术委员会审议批准后实施。修改本章程须经相同程序。

第十七条　本章程由校教学工作委员会负责解释。

第十八条　本章程自公布之日起施行。

附件 2   江西师范大学教务处各科室职责

1. 办公室

办公室主要负责收发文等档案管理、内务管理、教务宣传、专升本及联合办学等事务。

负责教务处内务管理。

负责对处资料室、文印室的日常管理和期末试卷的印制工作。

负责起草相关文件。

负责对外联络和来人来访接待工作。

负责教务处网站、教务信息的发布、更新管理。

负责《教务动态》编辑及教务信息栏的管理。

负责处发文件、通知及会议召开前的准备工作。

负责各类文件、通知的签收、传阅及文档管理。

负责处内物品的申购、采购、保管等工作。

负责专升本报名、考试组织、录取等工作。

负责教务处印章的使用和管理。

负责教务处车辆的管理。

负责联合办学事务管理。

完成处领导交办的其他工作。

2. 教学研究科

教学研究科主要负责本科培养方案的制订、招生计划的编制，负责本科教学的专业、课程建设和教学改革研究项目的管理等工作。

关注教育发展动态，负责我校教育发展规划、教学管理改革等文件的起草。

负责专业、课程建设管理。

负责培养方案的制订、招生计划的编制。

承担各级各类教改项目的日常管理和研究成果的汇编与推广工作。

开展教育教学改革调查研究，广泛搜集教改信息，提出相关教改方案和建议，起草相关文件。

处领导交办的其他工作。

3. 教学管理科

教学管理科主要负责培养方案的调整和组织实施，全校选课、排课、重修、各类考务和教室调度等教务管理，并协同相关部门做好本科生导师管理工作。

负责全校每学期本科开课计划的编制工作。

负责本科各类课程授课编排工作，统筹全校教学场馆的使用。

负责日常教务管理。

参与培养方案的制订及修订、招生计划的编制工作。

负责英语、计算机等级考试等各类考试的报名、考务等工作。

负责学生各门课程考试工作。

负责本科生学术讲座的安排与管理。

负责教师工作量的核算，协助相关部门做好津贴核算。

负责学生选课管理，协助相关部门做好学生学费核算。

负责组织缓考、重考、课程重修及专升本学生补修考试工作。

协同相关部门做好学分制学生导师制的实施和管理工作。

负责双语教学课程开课。

负责试题（试卷）库的建设。

负责课程进修工作。

负责办理、补办考试证。

处领导交办的其他工作。

4. 教学信息科

教学信息科主要负责学籍管理、成绩管理、毕业审核、学位审核、教学管理信息化及辅修等相关工作。

负责学生报到注册的组织管理工作。

负责全校本科学生的学习成绩管理。

负责办理学生课程免听、缓考手续。

负责学分制学生分流管理工作。

负责本科教育的辅修管理工作。

负责全校本科学生学历证书电子注册工作。

负责本科毕业生毕业审核和学士学位授予工作，毕（结、肄）业证书、学士学位证书管理工作。

负责本科学生休学、复学、退学、转学等学籍异动管理。

负责办理学籍、学历证明、修业成绩证明等工作。

负责教学信息化规划、推广及现代教育技术培训、应用等工作。

负责教务处教学信息管理系统软硬件的维护与管理。

负责成人教育学士学位审核的有关工作。

处领导交办的其他工作。

5. 实践教学科

实践教学科主要负责全校本科实习、实训、毕业设计（论文）、学生课外科技等实践性教学环节的教学管理工作，负责校语委会及普通话测试站日常工作等。

负责各类教学实习、考察、生产实习、毕业设计（论文）、学生课外科技等实践教学环节的管理。

组织对实践教学环节的检查评估，及时了解教学状态，提出改进意见和建议。

承担校语委会和普通话水平测试与培训站的有关日常工作。

负责各类竞赛的组织与协调工作。

负责毕业实习（含教育实习）的组织协调与管理。

处领导交办的其他工作。

6. 教学质量科

教学质量科主要负责本科教学的质量评价与监控工作。

负责本科教学质量评价、监控。

协助教育教学评估中心开展工作。

处领导交办的其他工作。

附件 3 江西师范大学教务处各科室主要工作办事流程图

1. 办公室

收文处理

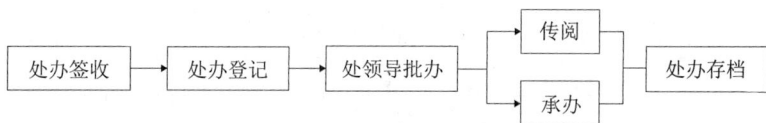

发文处理

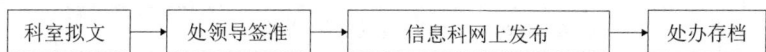

材料印刷

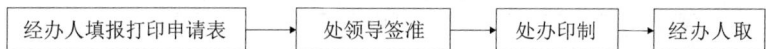

物品采购

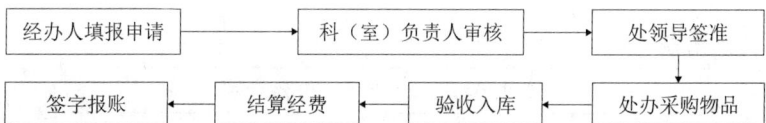

公车使用

印章使用

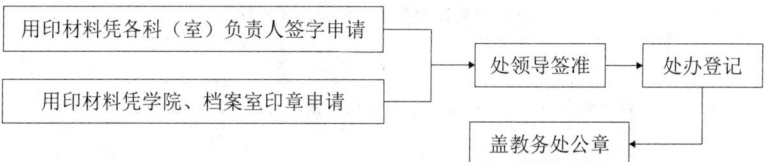

2. 教学研究科

专业申报

学院依据学校专业发展规划制定本单位专业建设计划

↓

学院准备申报材料、填写表格

↓

9月5日前交材料、表格至教学研究科，教务处审核并提出申报意见

↓

校学术委员会讨论通过

↓

9月底报省教育厅

↓

12月省教育厅报教育部

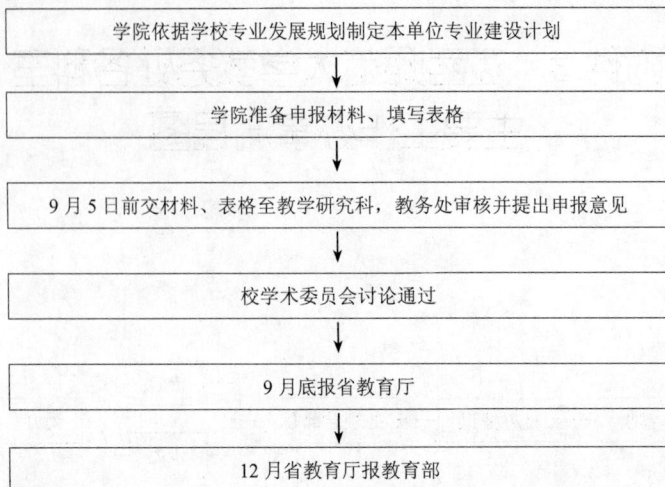

课程任课资格申报

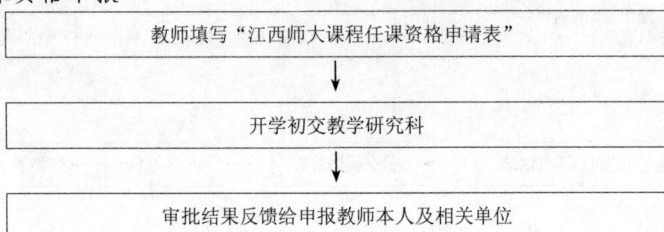

教师填写"江西师大课程任课资格申请表"

↓

开学初交教学研究科

↓

审批结果反馈给申报教师本人及相关单位

招生计划编制

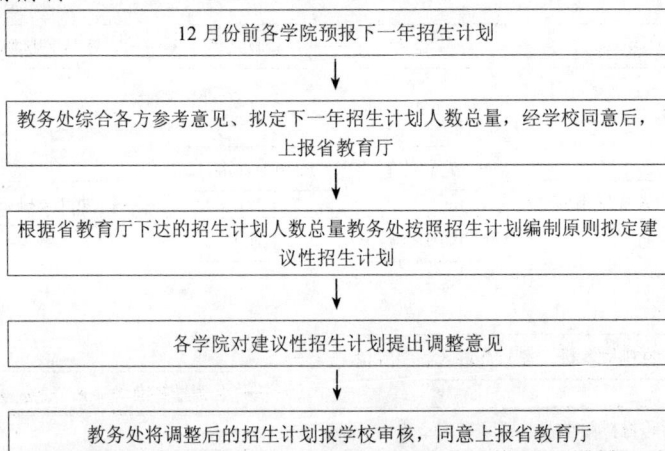

12月份前各学院预报下一年招生计划

↓

教务处综合各方参考意见、拟定下一年招生计划人数总量，经学校同意后，上报省教育厅

↓

根据省教育厅下达的招生计划人数总量教务处按照招生计划编制原则拟定建议性招生计划

↓

各学院对建议性招生计划提出调整意见

↓

教务处将调整后的招生计划报学校审核，同意上报省教育厅

教改立项项目管理

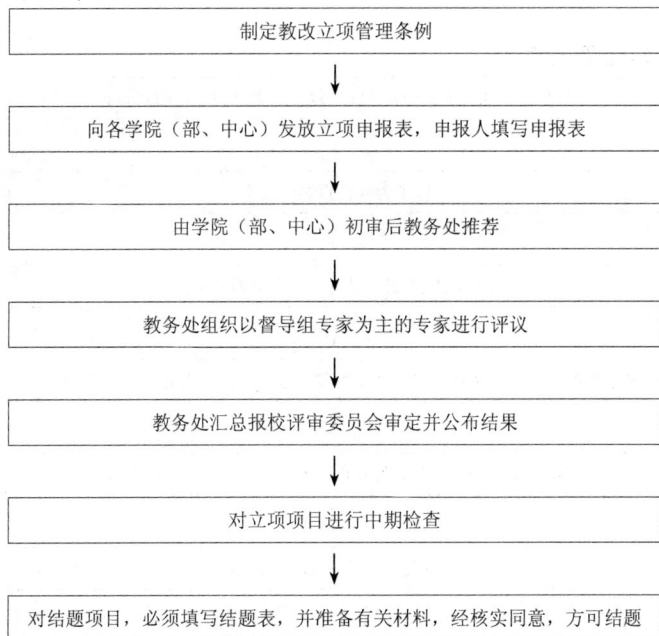

制定教改立项管理条例

↓

向各学院（部、中心）发放立项申报表，申报人填写申报表

↓

由学院（部、中心）初审后教务处推荐

↓

教务处组织以督导组专家为主的专家进行评议

↓

教务处汇总报校评审委员会审定并公布结果

↓

对立项项目进行中期检查

↓

对结题项目，必须填写结题表，并准备有关材料，经核实同意，方可结题

校教学成果奖评奖

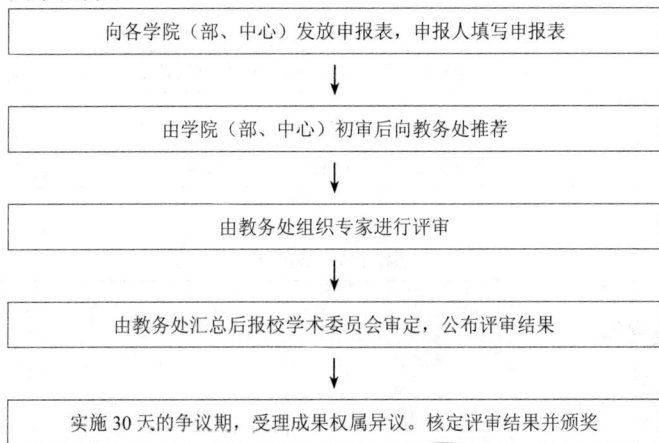

向各学院（部、中心）发放申报表，申报人填写申报表

↓

由学院（部、中心）初审后向教务处推荐

↓

由教务处组织专家进行评审

↓

由教务处汇总后报校学术委员会审定，公布评审结果

↓

实施 30 天的争议期，受理成果权属异议。核定评审结果并颁奖

3. 教学管理科

英语、计算机等级考试

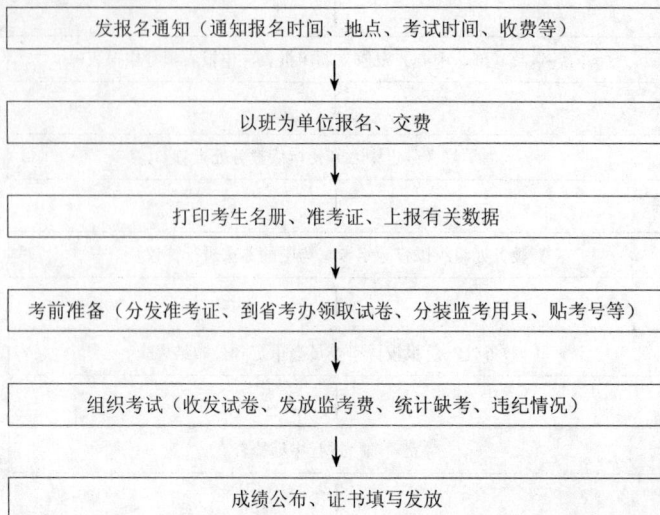

发报名通知（通知报名时间、地点、考试时间、收费等）

↓

以班为单位报名、交费

↓

打印考生名册、准考证、上报有关数据

↓

考前准备（分发准考证、到省考办领取试卷、分装监考用具、贴考号等）

↓

组织考试（收发试卷、发放监考费、统计缺考、违纪情况）

↓

成绩公布、证书填写发放

重修开课

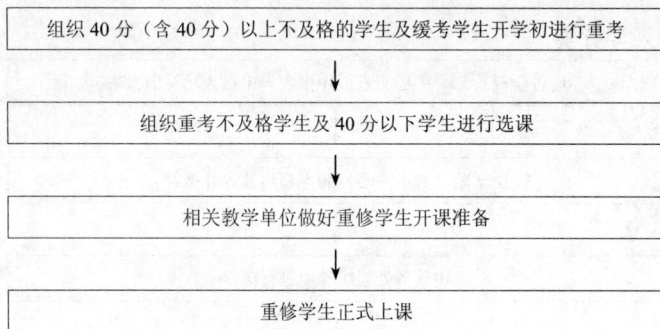

组织40分（含40分）以上不及格的学生及缓考学生开学初进行重考

↓

组织重考不及格学生及40分以下学生进行选课

↓

相关教学单位做好重修学生开课准备

↓

重修学生正式上课

4. 教学信息科

休学、复学

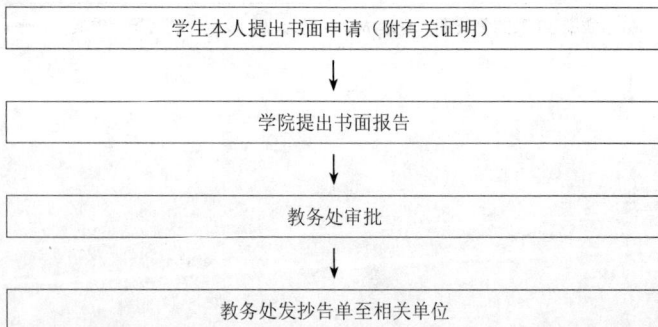

学生本人提出书面申请（附有关证明）

↓

学院提出书面报告

↓

教务处审批

↓

教务处发抄告单至相关单位

退学

学生本人提出书面申请、家长签字同意

↓

学院提出书面报告

↓

教务处审核

↓

主管校长批准

↓

教务处发抄告单至相关单位

↓

退学学生办理离校手续

↓

凭离校程序表到教务处教学信息科办理肄业证等有关证明

转学（转入）

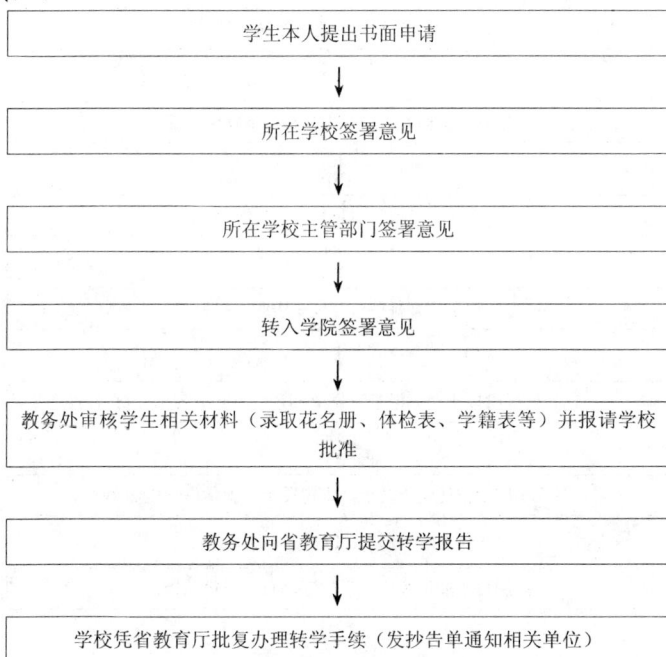

学生本人提出书面申请

↓

所在学校签署意见

↓

所在学校主管部门签署意见

↓

转入学院签署意见

↓

教务处审核学生相关材料（录取花名册、体检表、学籍表等）并报请学校批准

↓

教务处向省教育厅提交转学报告

↓

学校凭省教育厅批复办理转学手续（发抄告单通知相关单位）

转学（转出）

学生本人提出书面申请

↓

所在学院同意

↓

教务处审核同意

↓

主管校长批准

↓

接收学校同意

↓

教务处向省教育厅提交转学报告

↓

凭省教育厅批复办理转学手续（发抄告单通知相关单位）

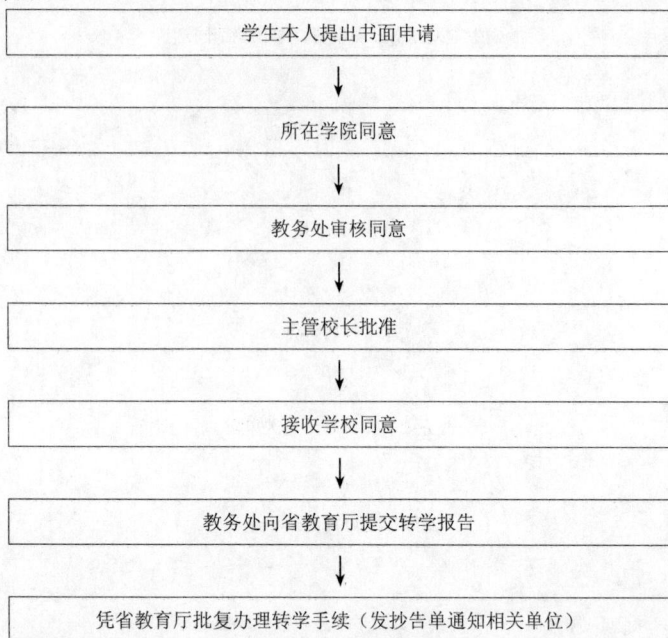

毕业、学位审核

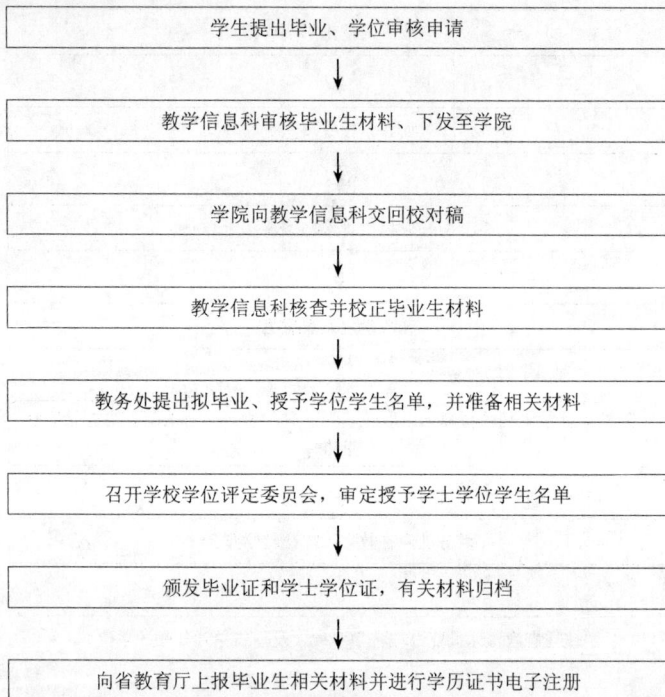

学生提出毕业、学位审核申请

↓

教学信息科审核毕业生材料、下发至学院

↓

学院向教学信息科交回校对稿

↓

教学信息科核查并校正毕业生材料

↓

教务处提出拟毕业、授予学位学生名单，并准备相关材料

↓

召开学校学位评定委员会，审定授予学士学位学生名单

↓

颁发毕业证和学士学位证，有关材料归档

↓

向省教育厅上报毕业生相关材料并进行学历证书电子注册

证书发放

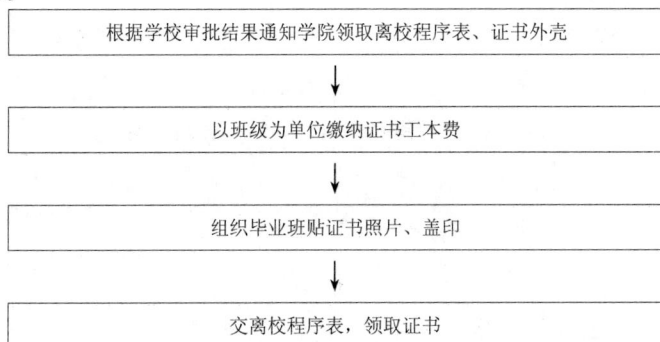

根据学校审批结果通知学院领取离校程序表、证书外壳

↓

以班级为单位缴纳证书工本费

↓

组织毕业班贴证书照片、盖印

↓

交离校程序表，领取证书

成绩复查

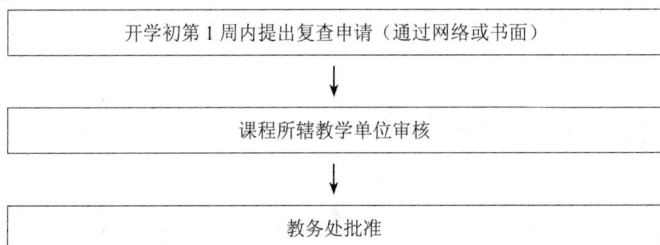

开学初第1周内提出复查申请（通过网络或书面）

↓

课程所辖教学单位审核

↓

教务处批准

5. 实践教学科

实践教学

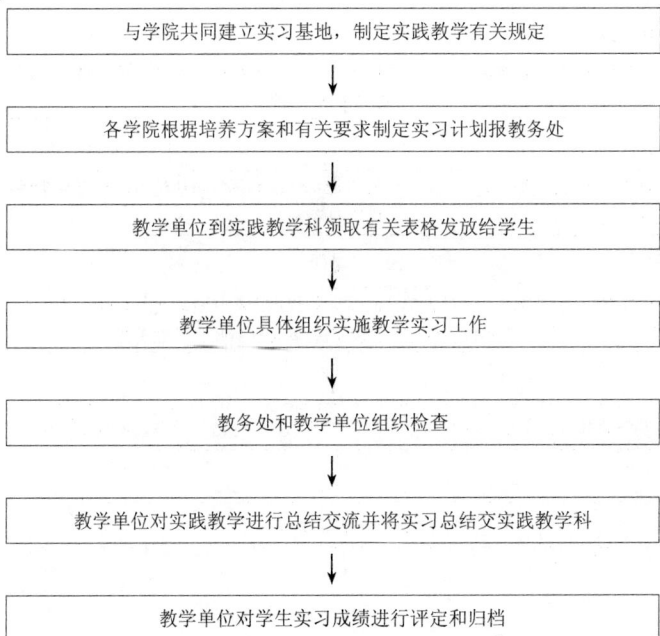

与学院共同建立实习基地，制定实践教学有关规定

↓

各学院根据培养方案和有关要求制定实习计划报教务处

↓

教学单位到实践教学科领取有关表格发放给学生

↓

教学单位具体组织实施教学实习工作

↓

教务处和教学单位组织检查

↓

教学单位对实践教学进行总结交流并将实习总结交实践教学科

↓

教学单位对学生实习成绩进行评定和归档

毕业设计（论文）

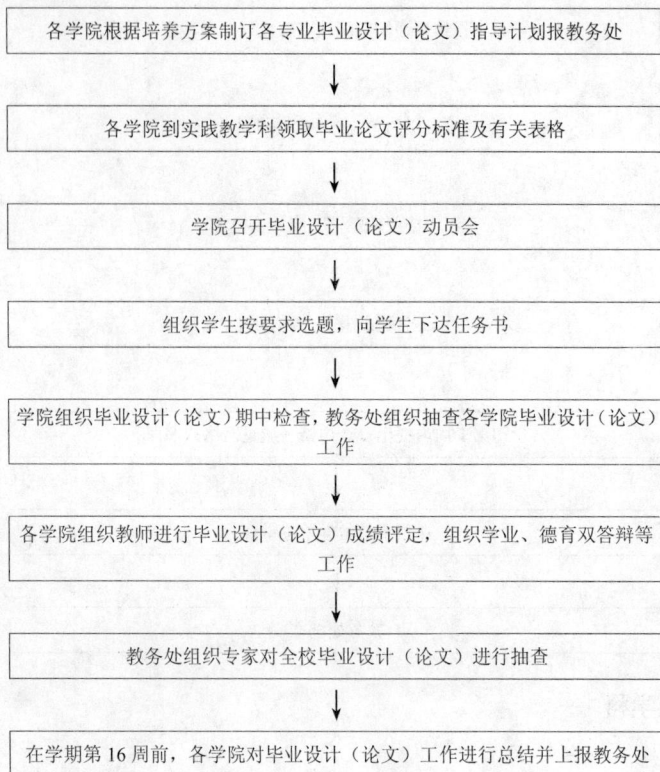

各学院根据培养方案制订各专业毕业设计（论文）指导计划报教务处

↓

各学院到实践教学科领取毕业论文评分标准及有关表格

↓

学院召开毕业设计（论文）动员会

↓

组织学生按要求选题，向学生下达任务书

↓

学院组织毕业设计（论文）期中检查，教务处组织抽查各学院毕业设计（论文）工作

↓

各学院组织教师进行毕业设计（论文）成绩评定，组织学业、德育双答辩等工作

↓

教务处组织专家对全校毕业设计（论文）进行抽查

↓

在学期第16周前，各学院对毕业设计（论文）工作进行总结并上报教务处

教材选用认证

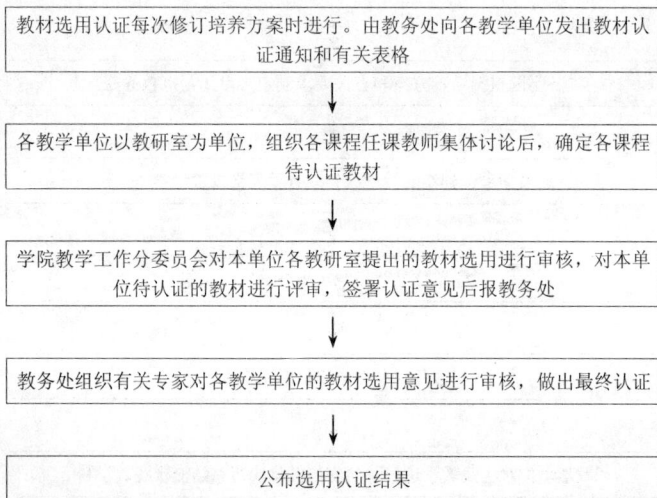

教材选用认证每次修订培养方案时进行。由教务处向各教学单位发出教材认证通知和有关表格

↓

各教学单位以教研室为单位，组织各课程任课教师集体讨论后，确定各课程待认证教材

↓

学院教学工作分委员会对本单位各教研室提出的教材选用进行审核，对本单位待认证的教材进行评审，签署认证意见后报教务处

↓

教务处组织有关专家对各教学单位的教材选用意见进行审核，做出最终认证

↓

公布选用认证结果

教材建设（出版教材资助、优秀教材奖励）

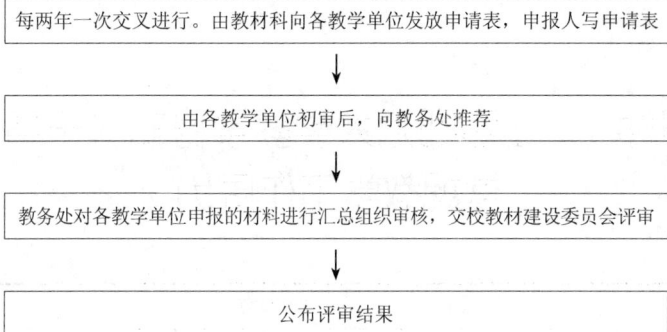

每两年一次交叉进行。由教材科向各教学单位发放申请表，申报人写申请表

↓

由各教学单位初审后，向教务处推荐

↓

教务处对各教学单位申报的材料进行汇总组织审核，交校教材建设委员会评审

↓

公布评审结果

教材预订

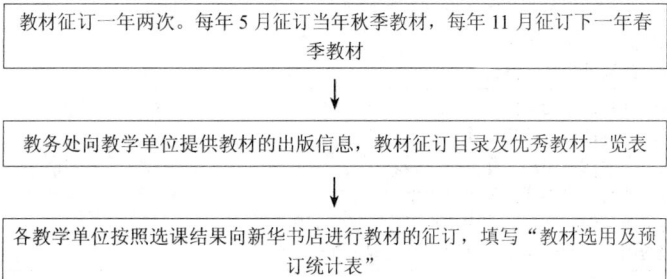

教材征订一年两次。每年 5 月征订当年秋季教材，每年 11 月征订下一年春季教材

↓

教务处向教学单位提供教材的出版信息，教材征订目录及优秀教材一览表

↓

各教学单位按照选课结果向新华书店进行教材的征订，填写"教材选用及预订统计表"

附件4　江西师范大学教学秘书（干事）
常规教学工作周历

周次	工作摘要
第一周	按教学周历规定的开学注册及新生入学报到的时间组织和办理本学院学生注册及报到的各项手续。并将学生注册的情况及时报告教务处（含欠交书费的收缴组织工作）。 协助院领导做好第一周上课的检查工作。 校对、复查学生上一学期的学习成绩。（上学期结束后一周内完成学生成绩的录入） 协助做好补、缓考工作。 领取实践教学各类表格。
第二周	组织做好补、退选工作。 协助做好（课程）进修工作。 完成上学期试卷归档工作。 办理学分制学生的课程免听等工作。 协助院领导做好增设专业的申报工作。（上学期） 组织教师申请增设课程、任课资格或双语教学工作。
第三至四周	向任课教师发放学生成绩登记表等。 组织好全国英语等级考试的报名工作。 协助做好英语、计算机等级考试成绩的发放、登记工作。 做好新生专业分流工作。（上学期） 开始辅修专业学生报名工作。 到教学研究科领取"领导干部听课记录本"。
第五至六周	组织重修选课。 协助院领导做好新生上课后的教学管理工作。 建立新生基本情况信息库。（上学期） 做好新生考试证的发放工作。（上学期） 组织好全国高校计算机等级考试的报名及证书发放工作。
第七至八周	组织学生预选。 协助班主任（或导师）向学生介绍选课情况。 组织教学研究课题申报工作。 新增学士学位授予专业报审工作。（下学期）
第九至十周	协助教学管理科做好重修课程的开课准备工作。 落实下学期开课任务。 协助做好排课工作。 协助编制培养方案执行表。
第十一至十二周	协助院领导对所选的试题（卷）库进行维护。 收缴毕业生毕业证书、学位证书工本费。（下学期） 协助开展毕业生学历证书电子注册工作。（下学期）

续表

周次	工作摘要
第十三至十四周	结束毕业班课程（包括实习、毕业论文等）的考试考查工作，并将成绩登入学籍表。（下学期） 对毕业学生进行毕业审核，提出院审核意见，院签章后将学籍表交教学信息科审核。（下学期） 协助学院学位评定分委员会对本科毕业生进行学位审核，提出授予和不授予学士学位学生名单，并按有关要求填写好报审材料送教学信息科。（下学期） 发放英语等级考试合格证书。
第十五至十六周	组织学生正课。 完成考试前的各项准备工作，内容包括：对期末考试进行初步排定，报出本单位监考人员名单。 协助院领导组织期末考试的命题（必须出好难度、分量相一致的A、B两套试题）工作。 协助院长做好实践性教学的计划安排及准备工作，如教育实习、专业实习。（下学期） 协助院长组织教师课堂教学质量评估。（下学期） 发放期末考试安排表。 组织申报下学期双休日讲座。
第十七至十八周	开展下学期教材预订工作。 组织好学生考试证的补办工作。 办理缓考手续。 组织实践环节考核工作。 上交学生课程成绩登记表。 及时将有关考试信息通知学生和教师。
第十九至廿周	协助主管院长组织教师分析教学质量，做好总结。 将各科有任课教师签名的原始成绩交教学信息科。 收齐院领导听课本，并交教学研究科。 及时发放各类课表。

附件5 江西师范大学课堂教学质量评价指标体系

类别	权重	序号	指标内涵
学生网上评价	70%	1	认真负责，教书育人
		2	授课有热情、富有感染力、引人入胜
		3	对教学内容娴熟、运用自如，教学内容新、信息量大
		4	能调动学生情绪，给予学生思考、联想、创新的启迪，深入浅出、重点突出
		5	教学手段方法先进，能有效地利用各种教学媒体
学院综合评价	30%	1	教学态度
		2	教学工作量
		3	教学规范（备课、布置批改作业、课外辅导、成绩录入、试卷评判与分析等）
		4	学科、专业、课程特点
		5	教育教学评估中心专家意见
		6	其他履职情况（调停课情况、学生教学反映等）

江西师范大学课堂教学听课表

开课单位：　　　　　　　　　　课程名称：

授课教师：　　　　　　　　　　授课班级：

授课时间：　　　　　　　　　　授课地点：

序号	评价项目	评价等级（在相应栏内打 √）			
		优秀	良好	一般	较差
1	讲课有热情，精神饱满。				
2	讲课有感染力，能吸引学生的注意力。				
3	对问题的阐述深入浅出，有启发性。				
4	对问题的阐述简练准确，重点突出，思路清晰。				
5	对课程内容娴熟，运用自如。				
6	讲述内容充实，信息量大。				
7	教学内容能反映或联系学科发展的新思想，新概念，新成果。				
8	能给予学生思考、联想、创新的启迪。				
9	能调动学生情绪，课堂气氛活跃。				
10	能有效地利用各种教学媒体。				
教学效果总体评价（优秀、良好、一般、较差或百分制记分）					

意见或建议：

听课人（签字）：　　　　　　　　　　　　年　月　日

附件 6 江西师范大学实验教学质量评价表

教师姓名：　　　　　　　职称：　　　　　　　课程：
学院：　　　　　　　　　　　　　　　　　实验室：

项目	序号	评估指标	权重值	等次			
				优秀 90~100	良好 80~89	合格 60~79	不合格 60以下
教学态度	1	教学态度认真，备课充分，实验指导耐心，认真组织实验教学	5				
	2	严格要求学生，公正对待学生，语言文明，教书育人	5				
教学内容	3	教学目的明确，重点突出，精讲多练，难点处理得好，着重学生"三基"技能培养	10				
	4	规范实验教学，检查预习、巡回指导分组实验、检查实验数据并签字，保证课时，按计划开课	10				
	5	教学内容充实，层次分明，结合教学内容，开设一定比例的综合性设计实验（或介绍学科发展新动向）	10				
教学方法	6	结合不同的教学内容，采用不同的教学方法和手段，体现教师的主导性和学生的主体性，调动和启发学生积极思考，主动完成实验任务	10				
	7	对本门学科的知识体系有正确把握，具有较强的实验技能，操作指导科学、规范	5				
	8	精讲多练，体现教师的个性或风格，努力培养学生创新思维、创新能力	5				
实验技能	9	熟练掌握实验设备的操作技术及药品、材料的性能，对实验中的关键性技术能正确把握，具有较强的实验能力	10				
	10	合理配置仪器，排除仪器故障，处理突发事件，保证实验课正常进行	10				
教学效果	11	学生实验操作规范，实验技能掌握较好	10				
	12	学生所做实验现象明显，实验结果正确，达到预期的教学目的	10				

总分

附件 7　江西师范大学挂牌选课流程图

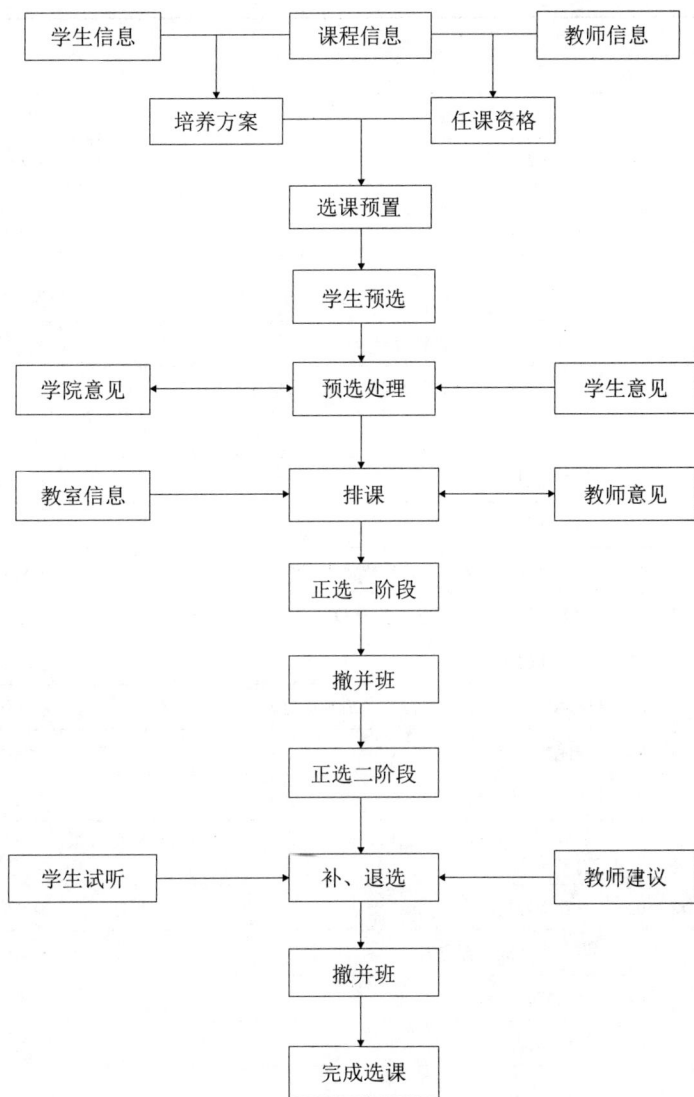

```
学生信息 ───── 课程信息 ───── 教师信息
           │          │
           ↓          ↓
        培养方案 ───── 任课资格
                 │
                 ↓
              选课预置
                 │
                 ↓
              学生预选
                 │
                 ↓
学院意见 ────→ 预选处理 ←──── 学生意见
                 │
                 ↓
教室信息 ────→  排课  ←──── 教师意见
                 │
                 ↓
              正选一阶段
                 │
                 ↓
               撤并班
                 │
                 ↓
              正选二阶段
                 │
                 ↓
学生试听 ────→ 补、退选 ←──── 教师建议
                 │
                 ↓
               撤并班
                 │
                 ↓
              完成选课
```

附件8　江西师范大学各教学单位
教学文档分类及目录

分类号			教学档案分类目录	保留年限
一级	二级	三级		
JJ 教学管理基本档案目录	01 课务档案	01	每学期开课计划	学生离校后四年
		02	每学期课程表	永久保留
		03	教学日历（或授课记录）	学生离校后四年
		04	停调课备案表	保留一年
	02 考务档案	01	各科期末试卷(含评分标准及试卷分析)	学生离校后十年
		02	试卷（试题）库(含评分标准)	永久保留
		03	英语、计算机、普通话等级考试通过情况统计	学生离校后四年
	03 学籍档案	01	学生名册	永久保留
		02	学生相册	永久保留
		03	学生学籍登记表	永久保留
		04	原始成绩登记表（分课程班级成绩表）	永久保留
	04 师范类学生教育实习档案	01	实习计划(含实习学生、指导教师名单和分布学校)	学生离校后四年
		02	学生实习小结	学生离校后四年
		03	学生班主任工作、教学实习成绩评定表	永久保留
		04	学院实习总结	学生离校后四年
		05	实习基地建设情况	永久保留
	05 非师范类学生毕业实习（生产实习）档案	01	学院实习计划(含实习任务书，实习学生、指导教师名单及实习场所分布)	学生离校后四年
		02	专业实习情况小结	学生离校后四年
		03	专业实习成绩评定表	永久保留
		04	学院实习总结	学生离校后四年
		05	实习基地建设情况	永久保留

续表

分类号			教学档案分类目录	保留年限
一级	二级	三级		
JJ 教学管理基本档案目录	06 实践教学档案（含美术、地理等专业的野外写生、考察、观摩见习、课程实习、课程设计、社会调查等）	01	实践课程大纲	永久保留
		02	实践培养方案(含学生、指导教师名单及实践场所分布)	学生离校后四年
		03	实践考核表	永久保留
		04	学生实践小结	学生离校后四年
		05	学院实践总结	学生离校后四年
		06	实践基地建设情况	永久保留
	07 实验教学档案	01	实验课程大纲（或实验指导书）	永久保留
		02	实验运行记录本	学生离校后四年
		03	实验室开放记录	学生离校后四年
		04	实验教学进度表	学生离校后四年
		05	实验项目变更备案表	永久保留
		06	实验室新建、改建、扩建报告和建设总结	永久保留
		07	实验室仪器设备清单	永久保留
		08	实验材料购置、消耗、库存明细表	永久保留
		09	实验教学数据表	永久保留
		10	学生实验、实训报告等材料	学生离校后四年
		11	年度实验教学总结（含特色与经验）	永久保留
	08 毕业设计(论文)档案	01	历届学生毕业论文（设计、创作）选题册	永久保留
		02	历届学生毕业设计（论文）集（含过程手册）	学生离校后十年
		03	历届学生毕业设计（论文）成绩评定汇总表（含题目、指导教师名单）	永久保留
		04	学院毕业设计（论文）工作计划、总结及选题分析和质量分析报告	学生离校后四年
		05	优秀毕业设计（论文）目录	永久保留
	09 教学管理和教学评价档案	01	学院教学委员会工作记录（含会议记录、图片资料等）	永久保留
		02	学院年度（或学期）教学工作计划	永久保留
		03	学院年度教学工作总结	永久保留
		04	期中教学检查计划和总结	永久保留
		05	教学检查座谈会记录	保留八年
		06	各类人员的听课记录	保留八年
		07	教学质量评价表及评价结果	永久保留
		08	教学事故处理记录和相关材料	永久保留
		09	专职教学管理人员一览表（按年度）	永久保留

续表

分类号			教学档案分类目录	保留年限
一级	二级	三级		
JG 教学改革与建设档案目录	01 教学研究档案	01	学院教学管理干部及教师发表教学研究论文目录清单及论文复印件（按年统计汇总）	永久保留
		02	学院开展教育思想学习与讨论的有关材料论文集、论文报告会纪要等	永久保留
	02 专业建设档案	01	专业建设规划	永久保留
		02	专业建设申报材料	永久保留
		03	建设情况总结及相关材料	永久保留
		04	专业培养方案或培养方案及论证报告	永久保留
		05	辅修、专升本专业培养方案	永久保留
		06	专业教学指导书	永久保留
		07	专业选课指南	永久保留
	03 课程建设档案	01	课程大纲汇编	永久保留
		02	课程建设规划	永久保留
		03	重点课程建设申报材料	永久保留
		04	重点课程建设验收评审材料	永久保留
		05	教材建设规划	永久保留
		06	教材建设申报材料	永久保留
		07	教材建设验收评审材料	永久保留
		08	已出版教材目录和教材原件	永久保留
		09	获奖教材目录、证书复印件和教材原件	永久保留
		10	教材预订统计表	永久保留
		11	网络课程、多媒体课件建设材料	永久保留
		12	教学内容、方法和手段改革及考试内容、方法和手段改革相关材料	永久保留
		13	双语教学课程建设相关材料	永久保留
	04 师资队伍建设档案	01	师资队伍建设规划及相关文件材料	永久保留
		02	教师队伍现状汇总表（按年统计）	永久保留
		03	青年教师培养方案及实施办法（含导师制）	永久保留
		04	国家、省、校各级人才培养工程培养对象有关材料	永久保留
		05	校级各类教学评奖和教学竞赛申报、评审材料及证书复印件	永久保留
		06	校级以上各类教学评奖申报、评审材料及证书复印件	永久保留
		07	教师教学业务档案（含历年教学任务记录和教学工作总结、教学质量考核、教学类奖惩材料、教学综合考核、进修提高等）	永久保留
		08	教书育人、为人师表获奖典型事例汇总	永久保留
		09	各级教改项目汇总表及附件（含申报表、任务书、结项报告、鉴定表、成果）	永久保留
		10	教师科研成果汇总表	永久保留

续表

分类号			教学档案分类目录	保留年限
一级	二级	三级		
JG 教学改革与建设档案目录	05 学风建设档案	01	加强学风建设和本科生班主任（导师）制相关材料	永久保留
		02	学生参加课外科技活动情况统计，如参与教师科研工作、公开发表论文、发明创造、学科竞赛获奖等（分年级、分类统计）	永久保留
		03	学生违纪处分相关材料	永久保留
		04	学生（或集体）受各级各类表彰情况	学生离校后四年
		05	学生素质发展综合测评及对毕业生综合素质的评价与分析报告	永久保留
		06	学生文化素质教育有关材料	学生离校后四年
		07	学生就业、考研有关材料	学生离校后四年
		08	各专业生源材料	永久保留
		09	学生学习与实践成果原件或复印件	学生离校后四年
	06 学院教学管理制度档案	01	学院各级各类教学管理制度(含历史)	永久保留
	07 其他档案	01	学院五年发展规划（"九五"以来）	永久保留
		02	学院教学工作特色档案资料	永久保留
		03	其他有关教学改革与建设的材料	永久保留

注：档号编排顺序：年度号 - 一级类目代号 . 二级类目代号 / 三级类目代号 - 案卷号（保管期限代号）。如 19××-JJ.××/××-Ⅰ-N(A 或 B 或 C 或 D)。年度号为四位数。一级类目共有两个，分别是：JJ、JG。二级类目、三级类目分别为两位数。案卷号为本学院分年度一级类目下所有档案卷的自然顺序号。保管年限：永久保留记为"A"，保留四至十年记为"B"；保留四年记为"C"；保留一年记为"D"。举例：某学院 1999 年在 JG 类下"专业建设档案"类中有"品牌专业建设规划"，其编号为 1999-JG.02/01-16（A），其中"16"为该年 JG 类所有档案卷的自然顺序号。

附件 9 本科生毕业设计（论文）基本规范要求

本科生毕业设计（论文）工作是学生综合运用所学知识和技能，理论联系实际，独立分析、解决实际问题，从事科学研究工作基本训练的过程。在教学过程中指导教师要指导学生按照基本规范要求认真完成毕业设计（论文）。

一、基本规范要求的内容

1. 论文内容基本要求

1）概念准确，层次清楚，内容正确，格式规范；

2）字体工整，字迹清楚，行文流畅，无错别字；

3）论文中有关于课题的技术经济等方面的可行性分析；

4）学生在论文工作中要查阅一定数量的期刊和报告等文献资料，外文译文必须是毕业设计（论文）课题相关的内容，并在论文中参考引用；

5）参考文献在论文中一定要引注。文后参考文献的著录要符合国家标准的规定（GB 7714-87）。

2. 图纸、图表要求

1）图表布局合理，图面整洁，线条粗细均匀，尺寸标注规范，文字注释准确，使用工程字书写，要统一为 SI 制；

2）图纸必须按国家规定标准或工程要求绘制；

3）工程图纸作为论文的附件资料，可另册装订与论文一起存档。

3. 软件课题

软件课题要附学生参与编制的软件开发有关文档、软硬件资料（如设计说明书、使用说明书、测试分析报告等）和有效的程序光盘，并作为毕业设计的资料，同论文、过程手册、译文一起存档；硬件课题对于仪器所测得的曲线等要有必要的曲线图或照片。

4. 译文要求

要求用词恰当，准确表达原意，行文流畅；译文和外文原文装订成册，与毕业设计（论文）一起上交，作为毕业设计（论文）成绩考核的一部分。

5. 论文书写和字数要求

论文用 A4 纸打印。本科生毕业设计（论文）基本规范要求中论文字数调整为：理工类不少于 5000 字，文科类不少于 6000 字，特殊专业类不少于 3000 字。

6. 参考文献

要求不少于 15 篇。

7. 论文装订顺序

1）毕业设计（论文）封面；

2）目录；

3）中文摘要；

4）中文关键词（可与中文摘要同页）；

5）外文摘要；

6）外文关键词（可与外文摘要同页）；

7）正文（引用需以脚注的方式注明）；

8）参考文献；

9）附图、附录。

8. 论文格式要求

请参考下列格式。

第一种	第二种	第三种	第四种	第五种
一、……（题序和标题间加顿号，下同。用四号黑体字）	第一章 ……（题序和标题间空1格，不加标点，下同。用小二号黑体字）	第一章 ……（题序和标题间空1格，不加标点，下同。用小二号黑体字）	第一篇 ……（题序和标题间空1格，不加标点，下同。用小二号黑体字）	1 ……（题序和标题间空1格，不加标点，下同。用小四号黑体字）
（一）……（题序和标题间不空格，不加标点，下同。用小四号黑体字）	一、……（题序和标题用四号黑体字）	第一节 ……（格式同上，题序和标题用小三号黑体字）	第一章 ……（格式同上。题序和标题用小二号黑体字）	1.1 ……（格式与上同）
1. ……（题序和标题间加圆点，下同。）	（一）……（题序和标题用小四号黑体字）	一、……（题序和标题用四号黑体字）	第一节 ……（题序和标题用小三号黑体字）	1.1.1 ……（格式与上同）
（1）……（与（一）格式同）	1. ……（格式与上同）	（一）……（题序和标题用小四号黑体字）	一、……（题序和标题用四号黑体字）	
		1. ……（格式与上同）	（一）……（题序和标题用小四号黑体字）	
			1. ……（格式与上同）	

二、本规范要求的执行

1）各学院毕业设计（论文）领导小组，负责组织对本学院学生毕业设计（论文）的基本规范要求进行审查。

2）毕业设计（论文）的基本规范要求审查在毕业答辩前完成，审查合格者经领导小组签字后方可参加答辩。

3）审查不合格者，应要求修改，达到要求后才能参加答辩。

4）在校外进行毕业设计（论文）的学生，论文的基本规范要求由教研室毕业设计（论文）工作指导小组在答辩前进行审查。

5）学生交的论文应是指导教师审阅过并打印装订好的论文，否则答辩小组有权不给其答辩。

附件 10　本科生毕业设计（论文）各级管理职责

本科生毕业设计（论文）工作在主管校长统一领导下，由教务处、学院、教研室、指导教师分级负责。

一、教务处职责

1）汇总各学院毕业设计（论文）题目和指导教师情况，协调解决有关问题。

2）抽查各学院毕业设计（论文）的开题情况，听取各学院毕业设计（论文）期中检查汇报。

3）组织校级毕业设计（论文）检查组，负责对毕业设计（论文）教学过程中各环节进行质量监督和检查。

4）毕业设计（论文）结束后，做好工作总结，组织经验交流，评选校优秀毕业设计（论文）和优秀指导教师。

二、学院职责

1）成立毕业设计（论文）领导小组，组长由院长或分管院长担任，成员为各教研室毕业设计（论文）指导小组组长。领导小组的职责是负责本学院毕业设计（论文）工作的运行并保证教学过程中各阶段的质量。

2）向各教研室布置毕业设计（论文）工作任务。

3）组织审定学院毕业设计（论文）题目，检查毕业设计（论文）任务书的填写情况，进行毕业设计（论文）工作动员。

4）定期组织检查各专业教研室毕业设计（论文）工作进展情况，特别要做好题目审查、开题和期中检查工作。

5）审定学院学生毕业设计（论文）成绩，并向学生公布。

6）评选本学院优秀毕业设计（论文）和优秀指导教师，并向学校推荐。

7）做好毕业设计（论文）工作总结。

三、教研室职责

1）成立毕业设计（论文）工作指导小组，成员 3～5 人。

2）按照专业培养目标和毕业设计（论文）基本要求，审定毕业设计（论文）

题目，对不符合要求的要重选题目，否则不予选用。将审定选用的毕业设计（论文）题目及指导教师安排表上报学院毕业设计（论文）领导小组。

3）检查毕业设计（论文）任务书填写情况。

4）做好毕业设计（论文）的题目开题、期中检查，及时研究和处理教学过程中出现的问题。

5）考核指导教师的工作情况。

6）组织毕业设计（论文）成绩评定工作。

7）做好本专业优秀毕业设计（论文）和优秀指导教师的评选工作。

8）认真进行毕业设计（论文）工作总结。

附件 11　本科生毕业设计（论文）过程管理手册

江西师范大学
JIANGXI NORMAL UNIVERSITY

本科生毕业设计（论文）

过程管理手册

学　　号：　　　　　　　学生姓名：

选题编号：　　　　　　　届　　别：

学　　院：　　　　　　　专　　业：

指导教师：

姓名及职称：

评阅教师：

江西师范大学教务处制

说　　明

1）任务书由指导教师与学生共同商定，并由指导教师填写，经学院毕业设计（论文）工作指导小组（教研室）审核后，发至学生手中。

2）学生应认真撰写毕业设计（论文）的开题报告，做好各阶段进展情况记录及个人工作总结。

3）本手册中各部分内容应填写完整，签名齐全。

4）本手册装订顺序为：任务书、开题报告、过程进展情况记录（含前期准备阶段、撰写阶段、中期自查、完善阶段）、个人工作总结、形式审查表、指导教师评价表、评阅教师评价表、答辩评分及成绩评定表。

5）本手册在毕业设计（论文）完成后，与毕业设计（论文）一起交指导教师，作为毕业设计（论文）答辩的主要档案资料，并由各学院保存至学生毕业后四年。

江西师范大学本科生毕业设计（论文）任务书

学号		学生姓名		专业	
毕业设计（论文）题目					
研究主要内容及基本要求					
主要参考资料					

续表

进程计划	
毕业设计（论文）工作指导小组（或教研室）审核意见	毕业设计（论文）工作指导小组组长（或教研室主任）签名：　　　年　　月　　日
签名	学生签名：　　　　　　　　年　　月　　日 指导教师签名：　　　　　　年　　月　　日

江西师范大学本科生毕业设计（论文）开题报告

学号		学生姓名	
学院		专业	
选题编号		届别	
指导教师 姓名及职称			
指导教师 姓名及职称			
中文题目			
外文题目			
开题报告内容			

续表

开题报告内容	
	学生签名： 年 月 日
	指导教师签名： 年 月 日

江西师范大学本科生毕业设计（论文）进展情况记录

学号		学生姓名		专业	
毕业设计（论文）题目					
时间	自　　年　　月　　日至　　年　　月　　日				
进展情况记录					
	学生签名：　　　　　　　　　　　　　　　　　　　　　　年　月　日				
指导教师意见					
	指导教师签名：　　　　　　　　　　　　　　　　　　　　　年　月　日				

江西师范大学本科生毕业设计（论文）个人工作总结

学号		学生姓名		专业	
毕业设计（论文）题目					
时间	自　　年　　月　　日至　　年　　月　　日				
工作总结	学生签名：　　　　　　　　　　　　　　　　　　　　　　　年　月　日				
指导教师意见	指导教师签名：　　　　　　　　　　　　　　　　　　　　　年　月　日				

江西师范大学本科生毕业设计（论文）形式审查表

学号		学生姓名		专业	
毕业设计（论文）题目					

	项目	是	否	无
形式审查内容 （在是、否、无相应的空格里打"√"。"否"指未达到规范要求，"无"指没有相应要求或项目）	封面填写完整正确（含外文题目）			
	文稿为A4打印稿			
	文字编排格式规范统一			
	有中文摘要（含中文关键词）			
	中文关键词为3~5个			
	有外文摘要（含外文关键词）			
	有目录（标题文字、页码与内文相符）			
	正文有小标题			
	正文标点符号使用正确			
	正文无错别字或病句			
	参考文献有10篇以上			
	参考文献含外文资料			
	参考文献含最新期刊资料			
	参考文献序号在文中有标注			
	参考文献格式规范			
	过程进展情况记录含中期自查			
	过程进展情况记录含个人工作总结			
	过程进展情况记录反映了学生的实际工作			
	过程进展情况记录填写完整			
	过程进展情况记录内容无逻辑错误			
	图表设计与绘制规范			
	附带了光盘等程序载体或电子稿已复制至学院			

续表

指导教师 审查意见	形式审查合格（ ） 不合格（ ） 指导教师签名： 年 月 日
核查意见	形式核查合格（ ） 不合格（ ） 学院毕业设计（论文） 领导小组组长签名： 年 月 日

江西师范大学本科生毕业设计（论文）指导教师评价表

学号		学生姓名		专业	
毕业设计 （论文） 题目					
指导 教师 评语					

续表

指标	考核项目	满分	评分
指导教师评分			
选题质量（20%）	选题价值	6	
	选题难易度	4	
	选题工作量	4	
	选题符合教学计划培养目标	6	
能力水平（50%）	综合运用知识	14	
	查阅文献资料及资料应用	6	
	研究方案设计	8	
	研究方法和手段的运用（或实验操作）	10	
	外语应用	4	
	计算机应用	2	
	创新	6	
写作（25%）	内容与题目相符	5	
	论文（设计说明书）结构	8	
	语言（表达准确、简炼，无病句，符合学术规范）	6	
	文字与标点符号（书写规范，标点符号使用正确，参考文献格式符合要求）	4	
	篇幅	2	
学风（5%）	工作态度与纪律	5	
总分（百分制）		100	
指导教师意见	评分合格，建议提交答辩　　是（　）　　否（　） 指导教师签名：　　　　　　年　　月　　日		

江西师范大学本科生毕业设计（论文）评阅教师评价表

评阅教师姓名		专业技术职务		工作单位	
学号		学生姓名		专业	
毕业设计（论文）题目					
评阅教师评语					

续表

评阅教师评分			
指标	考核项目	满分	评分
选题质量（20%）	选题价值	6	
	选题难易度	4	
	选题工作量	4	
	选题符合教学计划培养目标	6	
能力水平（40%）	综合运用知识	10	
	查阅文献资料及资料应用	4	
	研究方案设计	6	
	研究方法和手段的运用（或实验操作）	10	
	外语应用	4	
	计算机应用	2	
	创新	4	
毕业设计（论文）质量（40%）	内容与题目相符	4	
	写作水平	10	
	规范程度	3	
	完成情况	3	
	成果技术水平（理论分析、计算、实验和实物性能）	8	
	设计（论文）的正确性、创造性和实用性等情况	10	
	篇幅	2	
总分（百分制）		100	
评阅教师意见	评阅合格，建议提交答辩　　　　　　是（　）　否（　） 评阅教师签名：　　　　　　　　年　　月　　日		

江西师范大学本科生毕业设计（论文）答辩评分及成绩评定表

学号		学生姓名		专业	
选题编号				届别	
毕业设计（论文）题目					
陈述时间		分钟	问答时间		. 分钟
答辩记录	记录人签名： 年 月 日				
答辩小组评语	答辩小组成员签名： 年 月 日				

续表

指标	考核项目		满分	评分
答辩评分（40%）	毕业设计（论文）质量（50%）	写作水平	10	
		规范程度	6	
		完成情况	4	
		成果技术水平（理论分析、计算、实验和实物性能）	14	
		设计（论文）的正确性、创造性和实用性等情况	16	
	答辩表现（50%）	仪表	5	
		内容陈述	20	
		回答问题正确性	25	
	总分（百分制）		100	
	签名	答辩小组组长签名：　　　　　　　年　　月　　日		
指导教师评分（30%）	（百分制）		100	
评阅教师评分（30%）	（百分制）		100	
总分	总分=答辩评分×40%+指导教师评分×30% +评阅教师评分×30%		100	
成绩总评	（五级记分制） 学院毕业设计（论文）领导小组组长签名：　　　　年　　月　　日			

附件 12　江西师范大学考场规则

一、考生必须严格遵守考场纪律，服从监考人员的安排，不得妨碍监考人员履行职责。监考人员如发现考生有明显作弊嫌疑，则考生有责任配合监考人员查清真相，否则，监考人员有权认定为考试作弊。对无理取闹、扰乱考场纪律者，监考人员有权令其退出考场，以考试违纪论处。

二、学生参加考试必须携带身份证、校园卡（有准考证要求的还必须携带准考证），否则不准进入考场。考生考试前 20 分钟进入考场，按指定的座位就座，并保持考场安静。考生迟到 30 分钟，不得进入考场，考试 30 分钟后，才准交卷出场（有特殊要求的考试在考试结束前不准离开考试或考点）。

三、考生除携带必要的考试用具外，其他物件如教材、笔记、书包等不得带入考场。如果已带入，则须放在监考人员指定的地点。除特别说明外，不得使用电子辞典、计算器等。在非听力考试中，不得以任何理由使用耳机。进入考场应关闭手机等通讯工具，在考试过程中使用手机的，以考试作弊论处。草稿纸、答题纸由监考人员统一发放，考试结束时统一收回，不准带出考场。未经许可，不得使用自备纸张。

四、考试前，考生应认真清除自己附近的纸条、纸屑等，并检查座位附近桌椅、墙壁上是否写有与考试内容有关的字迹，发现情况及时报告监考人员，否则，考试过程中一经发现其周围有任何与考试内容相关的物件、字迹，不论看否，一律以考试作弊论处。

五、考生答题时遇有试卷字迹不清楚或其他不明确问题时，须举手示意，经监考人员同意后方可提问。考生应自备考试用品，如遇特殊情况需借用他人考试用品，应举手示意，由监考人员代为传递。考生在考试时，不得随意离开座位，不得交头接耳，不得以手势、暗号等传递信息。考生应保管好自己的试卷，不得交换试卷、稿纸或答题卡，不得为他人作弊提供方便，否则按考试作弊处理。

六、考试时，考生不得中途离开考场。交卷后应立即离开考场，不准在考场内外逗留、喧哗。考试结束后应立即停止答题，不得交谈或看他人试卷，待监考人员收齐试卷后才准离座。不得故意拖延时间，若经监考人员催促仍不交卷者，则按考试违纪处理。

七、开卷考试可使用自带的书籍资料，未经许可不得借用他人书籍资料，也不得交头接耳，互相讨论。

八、考生不准代交别人的试卷，也不准擅自将试卷等考试材料带出考场，否则按考试违纪处理。考生应按题号顺序在答题纸上答题，写在试卷纸上的答案无效（有特殊说明的除外）。

九、监考人员如发现考试作弊者，应立即取消其考试资格，并在试卷上注明"作弊"字样；同时在"考场情况登记表"上记载作弊过程及情节。监考人员如发现考试违纪者，应及时指出并予以警告制止，同时在"考场情况登记表"上记载违纪过程及情节。

十、未经监考人员同意擅自离座、调换座位、填写与本人身份不符的姓名（学号）、撕毁试卷、扰乱考场秩序及其他考试违纪行为，均视为考试违纪或作弊。

十一、考试结束后，以央求、送礼、请客、威胁等手段要求教师（监考人员）加分或隐瞒考试违纪事实者，则视为考试后作弊，以作弊论处。

附件 13 江西师范大学教学实践基地协议书

　　为积极创造条件培养学生的创新能力和实践能力，促进学术、文化交流和成果转化，江西师范大学（下称甲方）与××单位（下称乙方），本着平等协商、相互协作、互惠互利的原则，为共同推进高等教育事业，促进我省人才培养，现就江西师范大学教学实践基地建设事宜达成如下协议：

　　一、甲、乙双方采取共建的办法，在乙方建立江西师范大学教学实践基地。

　　二、乙方应具备的条件。

　　热心并积极支持党和国家的教育事业，坚持并拥护党的教育方针和社会主义教育方向；

　　有较强的领导力量，指导人员具有较高的专业技术水平和丰富的专业实践管理经验；

　　具备接受和指导学生实践的能力和妥善安排师生生活与学习的条件。

　　三、乙方承担的主要任务及职责。

　　1. 把配合甲方培养人才、搞好专业实践工作作为应尽的职责列入本单位议事日程。成立专业实践工作领导小组，明确一名单位领导全面负责、妥善安排专业实践的各项事宜。

　　2. 选派政治思想好、经验丰富、有较强业务水平的人员担任专业实践的指导工作，做好对实习生的指导、讲授、考核、成绩评定和鉴定工作。

　　3. 专业实践基地每年接收甲方学生进行为期 8~16 周的专业实习，指导学生进行专业所需的各方面能力锻炼和提供锻炼实习的机会。

　　4. 为甲方实践师生提供专业实践期间所需的办公场所及其他有关物品（由甲方借用）。应按甲方需要妥善安排实践师生食宿。

　　5. 主动反馈实践学生的政治思想、业务水平和工作表现情况，有针对性地提出改进甲方教育教学工作的意见和建议。

　　6. 每学期到甲方进行专业学术讲座不少于两次。

　　四、甲方承担的义务及职责。

　　1. 重视实践学生的思想政治、道德品质、专业技术教育，要求实践学生服从管理、虚心好学、尊敬师长、严格遵守实践基地的规章制度，遵守国家法律、法规。

　　2. 实践结束后，按双方事先约定付给乙方实践指导等方面的费用。损坏乙方教学及生活设施，应照价赔偿。

3. 聘请乙方学有专长、有教学和实践指导能力的领导、专家担任我校的兼职教师，并发给聘书，承担了教学任务的，按甲方公选课的报酬标准付给相应酬金。

4. 每年接受乙方选派 3 名以内工作人员到甲方有关学院进修学习并酌情减免学费，邀请乙方的领导和专业技术人员参加甲方举办的各种专题讲座、学术报告。

5. 在乙方挂"江西师范大学教学实践基地"标牌。

五、实践的具体时间、内容和人数由甲、乙双方共同商定。

六、本协议一式三份，甲、乙双方各执一份，另一份送乙方所在单位主管部门备案。协议自双方签字盖章之日起生效。协议有效期 4 年，协议期满时，若双方均未提出终止此协议，则本协议继续生效。

七、协议未尽事宜，由甲、乙双方共同协商解决。

附件 14　江西师范大学第二课堂学分管理实施细则

第一章　总　　则

第一条　为全面贯彻党的教育方针，大力推进我校素质教育，提高学生创新意识和实践能力，促进学生个性发展，提升人才培养质量，根据《江西师范大学全日制本科学分制实施方案》和《江西师范大学关于深入实施"大学生素质拓展计划"的意见》，特制定本实施细则。

第二条　第二课堂活动内容分类进行学分量化，与第一课堂学分共同构建我校大学生综合素质评估体系，更为准确、全面、科学地反映学生的综合素质状况。

第三条　第二课堂学分分三类。

第一类：创新研究活动类 1 学分。

第二类：社会实践活动类（含劳动教育）1 学分。

第三类：艺术教育活动类 1 学分。

第四条　为了便于学生修习、评价第二课堂学分学业，第二课堂学分采用学分绩点制，学生按类以获得绩点形式修习，成绩以获得绩点多少评价，每类至少获得10 个以上绩点方可获该类学分。第二课堂学分绩点在一学期内相同内容项目取项目最高分，不交叉计分。

第五条　凡我校全日制学生在校期间必须取得上述 3 个第二课堂学分，方可向学校申请毕业。

第六条　第二课堂学分认定单位：各学院、各职能部门认定学生第二课堂学分选修及完成情况，校大学生素质拓展认证中心认证并登记，校教务处审核。

第七条　修学第二课堂学分认定程序。

1）各学院大学生素质拓展认证中心办公室根据"大学生素质拓展认证申报表"对学生的素质拓展认证的同时，确认学生第二课堂学分绩点并进行登记。

2）各学院大学生素质拓展认证中心办公室每学期统计一次学生第二课堂学分绩点情况，并报学校大学生素质拓展认证中心办公室认定，校大学生素质拓展认证中心每学年统计一次学生第二课堂学分绩点情况并核算学生第二课堂成绩及学分，报学校教务处审核。

第二章　创新研究活动

第八条　创新研究活动类分学术论文、科技制作、调查报告、知识技能竞赛、学术讲座和其他项目创新六大项目。

学术论文：指自然科学和社会科学类论文。

科技制作：A 类指科技含量较高，制作投入较大的作品；B 类指对生产技术或人们生活带来便利的小发明、小制作。

调查报告：指除社会实践总结性报告外的其他调研报告。

知识技能竞赛：指除具有综合性学术科技活动之外的单项知识、技能竞赛（如辩论、英语演讲等）。

学术讲座：指科学技术和人文社会科学等知识讲座。

其他项目创新：指经学院或有关职能部门认可，认为确实具有创新的活动项目。

第九条　学术科技创新活动每学期认定一次，分省级以上（含省级）、校级、院级三级进行评定。

1. 学术论文

1）参与学院组织的学术论文交流活动，每次可获 1 学分绩点，最高不超过 5学分绩点，作品获得奖励者，按获奖等级可依次加 1 学分绩点（三等奖 1 学分绩点，二等奖 2 学分绩点，一等奖 3 学分绩点）（下同）。

2）经学院选拔参与学校组织的校内学术论文交流活动，每次可获得 2 学分绩点，最高不超过 10 学分绩点，作品获得奖励者，按获奖等级可依次加 2 学分绩点。

3）代表学校参与省级或省级以上学术论文交流活动，每次可获得 5 学分绩点，最高不超过 10 学分绩点，作品获得奖励者，按获奖等级可依次加 3 学分绩点。

4）以个人名义参与省级或省级以上学术论文交流活动，有两位副教授以上职称的教师推荐认证的，每次可获得 3 学分绩点，最高不超过 9 学分绩点，作品获得奖励者，按获奖等级可依次加 3 学分绩点。

2. 科技制作

1）参与学院组织的科技制作活动，每次可获得 2 学分绩点，最高不超过 10 学分绩点，作品获得奖励者按获奖等级可依次加 1 学分绩点。

2）经学院选拔参与学校组织的校内科技制作活动，每次可获得 3 学分绩点，最高不超过 9 学分绩点，作品获得奖励者按获奖等级可依次加 2 学分绩点。

3）代表学校参与省级或省级以上科技制作活动，每次可获得 5 学分绩点，最高不超过 10 学分绩点，作品获得奖励者按获奖等级可依次加 3 学分绩点。

4）以个人名义参与省级或省级以上科技制作活动，有两位副教授以上职称的教师推荐认证的，每次可获得 4 学分绩点，最高不超过 8 学分绩点，作品获得奖励者按获奖等级可依次加 3 学分绩点。

3. 调查报告

1）参与学院组织的社会调查活动，并撰写调查报告合格（由学院团委认定），每次可获得 1 学分绩点，最高不超过 5 学分绩点，作品获得奖励者按获奖等级可依次加 1 学分绩点。

2）经学院选拔参与学校组织的调查活动，并撰写调查报告合格（由学校团委认定），每次可获得 2 学分绩点，最高不超过 10 学分绩点，作品获得奖励者按获奖等级可依次加 2 学分绩点。

3）代表学校参与省级或省级以上社会调查活动，有两位副教授以上职称的教师推荐认证的，撰写调查报告（作品交校团委备案），每次可获得 3 学分绩点，最高不超过 9 学分绩点，作品获得奖励者按获奖等级可依次加 2 学分绩点。

4. 知识技能竞赛

1）参与学院组织的知识技能竞赛活动，每次可获得 1 学分绩点，最高不超过 3 学分绩点，获得奖励者按获奖等级可依次加 1 学分绩点。

2）经学院选拔参与学校组织的知识技能竞赛活动，每次可获得 2 学分绩点，最高不超过 10 学分绩点，获得奖励者按获奖等级可依次加 1 学分绩点。

3）代表学校参与省级或省级以上知识技能竞赛活动，每次可获得 2 学分绩点，最高不超过 8 学分绩点，获得奖励者按获奖等级可依次加 2 学分绩点。

4）以个人名义参与省级或省级以上知识技能竞赛活动，有两位副教授以上职称的教师推荐认证的，每次可获得 2 学分绩点，最高不超过 6 学分绩点，获得奖励者按获奖等级可依次加 2 学分绩点。

5）参加校素质拓展计划认可并鼓励的各类国家资格证书考试（学校已有规定的英语和计算机等级考试除外），凡通过与大学生相对应的等级考试可获得 5 学分绩点，通过与大学生相对应更高等级的考试可获得 10 学分绩点。

5. 学术讲座

1）积极参与学术讲座，每学期参加院、校举办的学术讲座三次可获得 2 学分绩点，最高不超过 10 学分绩点。

2）应学院、学校要求面向校内外听众开设讲座，每次可获得 2 学分绩点，最高不超过 10 学分绩点。

6. 其他项目创新

参与经学院或有关职能部门认可，认为确实具有创新的活动项目，每次视项目的创新情况获 1 ～ 5 学分绩点，最高不超过 15 学分绩点。

第三章　社会实践活动

第十条　社会实践活动类分为假期社会实践、公益社会实践、社团社会实践和其他社会实践四大项目。

假期社会实践：利用寒暑假进行的"三下乡"社会实践活动。

公益社会实践：校后勤集团组织的劳动周、利用课余时间进行的社会公益活动和青年志愿者服务。

社团社会实践：积极参加经学校批准成立并注册的学生社团组织所开展的实践活动。

其他社会实践：利用课余时间进行的日常社会实践。

第十一条　社会实践活动（社团社会实践除外）每学期认证一次。评审条件：有详细材料和实践单位的证明，并有两名本校教师推荐认证，或有校内相关组织推荐认证。

第十二条　社团社会实践每学年认定一次，学分绩点初评人员由校社团联合会的指导教师、相关社团指导教师、社团联合会主席、相关社团理事长及部分会员代表组成。

1. 假期社会实践

1）个人主动联系社会实践地点，实践时间累计 15 天以上，可获 5 学分绩点；获得学院、学校、省级、国家级表彰者可依次加 1 学分绩点。

2）参与学院、学校组队的社会实践，实践时间累计 15 天以上，可获 8 学分绩点，获得学院、学校、省级、国家级表彰者可依次加 1 学分绩点。

3）参与省级组织的社会实践，实践时间累计 15 天以上，可获 1 学分绩点，获得省级以上表彰者依次可加 2 学分绩点。

2. 公益社会实践

1）参与学校后勤集团组织的校内劳动周劳动，完成劳动任务可获 5 学分绩点（学生必修）。

2）参与各团支部、班级组织的社会公益活动或青年志愿者服务，累计 5 次以上（每次至少 2 小时），可获 2 学分绩点，获得学校、省级、国家级表彰者可依次加 1 学分绩点。

3）积极参与学院、学校和省市级单位组织的社会公益活动或青年志愿者服务累计 5 次以上（每次至少 2 小时），可获 2 学分绩点，获得学校、省级、国家级表彰者可依次加 1 学分绩点。

4）学生利用自身的专业特长辅导其他专业的学生提高学习水平或指导其他专业学生排练、锻炼时间达一学期，人数达 10 人以上，可获得 5 个学分绩点。

3. 社团社会实践

1) 参加社团组织一年（含一年）以上，遵守社团章程，积极参与该社团活动者，可获 3 学分绩点，会员获得学校、省级、国家级表彰者可依次加 1 学分绩点。

2) 社团成员代表社团参加校级竞赛活动，每次可获得 1 学分绩点，最高不超过 5 学分绩点，获得奖励者按获奖等级可依次加 1 学分绩点。

3) 代表学校参与省级或省级以上的竞赛活动，可获得 5 学分绩点，最高不超过 10 学分绩点，获得奖励者按获奖等级可依次加 2 学分绩点。

4) 社团成员以个人名义参与省级或省级以上的竞赛活动，可获得 5 学分绩点，获得奖励者按获奖等级可依次加 2 学分绩点。

4. 其他社会实践

1) 个人主动利用课余时间或其他时间参与日常社会实践活动累计 5 次以上者，可获 2 学分绩点，获得学校、省级、国家级表彰者可依次加 1 学分绩点，每学期只能申报一次日常社会实践。

2) 策划组织日常社会实践活动。个人策划组织开展各类积极健康向上的活动（20 人以上参加），并取得较好效果或影响的，组织策划者可获 1 学分绩点，获得学院、学校、省级、国家级表彰者可依次加 1 学分绩点。

第四章　艺术教育活动

第十三条　艺术教育活动指参与音乐、美术、舞蹈、文学等各项实践活动并在活动中形成一定的艺术实践能力。

第十四条　艺术教育活动每学期认证一次，学生实践学分绩点满 10 个绩点，可向校大学生活动中心申请艺术实践能力考核，考核合格者可获得艺术教育活动类学分。（考核办法另行制定）

1) 参与学院组织的艺术教育类活动，每次可获 1 学分绩点，最高不超过 5 学分绩点，获得奖励者按获奖等级可依次加 1 学分绩点。

2) 参与学校组织的校内艺术教育活动，每次可获 2 学分绩点，最高不超过 10 学分绩点，获得奖励者按获奖等级可依次加 1 学分绩点。

3) 代表学校参与省级或省级以上艺术教育活动，每次可获 5 学分绩点，最高不超过 10 学分绩点，获得奖励者按获奖等级可依次加 2 学分绩点。

4) 学生以个人名义参与其他社会机构组织的艺术教育活动，根据艺术教育活动组织机构的社会影响参照以上标准认定学分绩点，学生凭其他社会机构出具的证明或证书申报。

附件 15　江西师范大学本科教学工作常态监测指标体系（修订版）

序号	监测指标	指标权重	监测点	类型	监测权重	周期
1	培养方案	6	★任选课学分比例	N	30	
			★实践课课时比例	N	20	
			选修课（含公选课）开出率	N	10	X
			专业必修课调整、变更执行次数	N	10	
			★日常教学调停课次数	N	30	Z
2	师资条件	8	★专业生师比	N	60	
			符合主讲教师资格比例	N	20	
			专业教师参与《创业基础》《新生研讨课》等创新创业类课程的教学工作量	N	20	X
3	师德师风	4	★教师整体道德风貌与教书育人表现	C	40	
			★教师违犯课堂教学准则次数	N	30	Z
			日常教学中教师受公开表扬次数	N	30	Z
4	课程建设	10	课程大纲上网、更新率	N	20	
			★数字化优质课程建设与应用得分	N	20	
			星级课程获奖得分	N	20	
			★双语课程开出门数	N	20	
			使用国家规划教材课程门数	N	10	
			新编教材数	N	10	
5	课堂教学质量	12	★领导干部人均听课次数	N	20	
			★教师课堂授课质量	N	50	X
			专业必修课成绩分析	N	10	X
			学生对教材使用满意度	N	10	X
			★学生对课堂教学满意度	N	10	X
6	正副教授上课	2	★正副教授为本科生上课比例	N	100	
7	试卷质量	8	★试卷规范与质量（包括命题质量、阅卷和成绩评定质量、试卷分析质量、试题库、试卷归档等）	N	100	X
8	双答辩质量	8	★毕业设计（论文）质量	N	60	
			★学业、德育答辩质量	N	40	

续表

序号	监测指标	指标权重	监测点	类型	监测权重	周期
9	实践和实验教学	6	★实验开出率	N	20	
			开放性实验比例	N	10	
			★仪器设备利用率	N	20	
			仪器设备完好率	N	10	
			★实验室安全保障与台帐质量	C	20	
			★实践环节、实践基地建设质量	C	20	
10	教学改革与建设	8	★教师获各类教学奖励得分（含多媒体课件竞赛、青年教师课堂教学竞赛、教学成果奖、十佳百优评选、优秀教研室主任评选等）	N	50	
			教师教学研究立项得分	N	20	
			★质量工程建设得分	N	30	
11	第二第三课堂	6	★学生课外创新创业活动参与率	N	30	
			★学生课外学术科技竞赛获奖得分	N	30	
			学生第二课堂素质拓展活动得分	N	10	
			学生获得第三课堂学分平均值	N	10	
			教师指导学生课外活动工作量	N	10	
			★学生公开发表论文或作品得分	N	10	
12	学风建设	6	★学生到课率	N	30	Z
			学生违犯"学规五戒"次数	N	10	Z
			★学生考试违纪比例	N	20	
			★有效开设专业学习论坛、讲座、沙龙次数	N	20	X
			学生受学习警示比例	N	10	
			新生集中晚自习出勤率	N	10	
13	人才培养质量	10	体质达标率	N	10	
			★毕业班学生外语等级累计通过率	N	20	
			★就业率	N	40	
			★学生考研录取率	N	20	
			学生专业保持率	N	10	
14	社会声誉	6	★毕业生用人单位满意度调查	C	60	
			★高考第一志愿上线率	N	40	

注：带★号的为重要监测点；类型 N 代表定量监测，C 代表定性监测；周期 Z 代表每周监测记录一次，X 代表每学期监测记录一次，余者均为每学年监测记录一次；权重值为百分比。

附件16 江西师范大学本科人才培养方案格式规范

一、人才培养方案格式规范

其中第1～9项有电子格式。

××××级××专业人才培养方案

专业代码：（根据教育部最新发布）

1. 培养目标
2. 规格要求
3. 方向介绍
4. 隶属专业类
5. 主干学科
6. 相近专业
7. 学位课程
8. 学历：　　　学制：　　　学位：　　　毕业最低总学分：
9. 课程体系格式规范
10. 分学期课程一览表格式规范
11. 实践教学内容安排表格式规范
12. 人才培养标准大纲范例（A3）
13. 人才培养标准实现矩阵范例（A3）

二、课程体系格式规范

课程性质	课程编号	课程名称	课程英文名称	学分	周课堂学时	周实验学时	课堂总学时	实践总学时	开课学期	先修课程号	教材ISBN	学位课程	考核方案	课程大纲
												★	&	&

注：★表示学位课程；&表示考核方案、课程大纲为电子文本链接；除先修课程号、教材ISBN、考核方案和课程大纲外其他栏目均为必填项目；新增课程的编号按规则预填，有待管理信息系统审验。

三、分学期课程一览表格式规范

第 × 学期课程一览表

课程号	课程名称	学分	总学时	授课学时	实践学时	课程性质	考核方式	开课学院	先修课程号
	学分小计								

注：分学期制定。

四、实践教学内容安排表格式规范

实践教学内容安排表

模块	课程号	实验课程名称	实验时数	课程性质	开设学期	综合性、设计性实验的个数
实验、实训模块						
	课程号	实践教学环节名称	教学周数	学分	环节性质	开设学期
见习、实习模块						
毕业或课程设计（论文）模块						
	编码	活动项目名称	学分要求		项目性质	建议开展的学期
第二课堂实践模块						

注：课程性质、环节性质和项目性质指必修、选修。

五、人才培养标准大纲范例

××专业人才培养标准大纲

经过本科四年培养，学生应具有人文、科学和工程三方面的综合素质。在"知识、能力、素养"方面具有以下基本要求。

1. 知识体系标准

拥有科学、技术、职业及社会经济方面的基本知识。

1.1 人文社会科学知识

具有人文社会科学基础知识。包括：

经济学、社会学、哲学和历史等社会科学知识；

社会、经济和自然界的可持续发展知识；

政治、法律法规、资金机制方面的公共政策和管理知识。

1.2 自然科学知识

具有扎实的自然科学基础。包括：

掌握作为工程基础的高等数学和工程数学；

了解现代物理、化学、信息科学、环境科学的基本知识；

了解当代科学技术发展的其他主要方面和应用前景。

1.3 工具性知识

掌握基本的工具性知识。包括：

熟练掌握英语，具有一定的英文写作和表达能力；

了解信息科学基础知识，掌握文献、信息、资料检索的一般方法；

掌握计算机基本知识、高级编程语言和土木工程相关软件应用技术。

1.4 专业知识

具有宽厚的专业知识。包括：

掌握工程力学、结构力学、流体力学的基本原理和分析方法；

掌握工程材料的基本性能和应用；

掌握画法几何及工程制图的基本原理；

掌握工程测量的基本原理和方法；

掌握工程结构构件的力学性能和计算原理；

掌握土力学和基础工程设计原理的基本原理和分析方法；

掌握结构设计理论、熟悉设施和系统的设计方法；

了解结构、设施和系统的全寿命分析和维护理论；

掌握土木工程施工和组织的过程和项目管理、技术经济分析的基本方法；

掌握土木工程现代施工技术、工程检测、监测和测试的基本方法；

了解土木工程的风险管理和防灾减灾基本原理及一般方法。

1.5 社会发展和相关领域科学知识

了解与本专业相关的知识。包括：

了解与本专业相关的职业和行业的生产、设计、研究与开发的法律、法规和设计、施工、验收规范与规程；

了解建筑、城规、房地产、给排水、供热通风与空调、建筑电气等建筑设备、土木工程机械及交通工程、土木工程与环境的基本知识；

了解本专业的前沿发展现状和趋势。

2. 能力体系标准

拥有科学研究、技术开发、技术应用或管理、合作交流等基本技能。

2.1 获取知识和继续学习能力

利用多种方法进行查询和文献检索，获取信息；

了解学科内和相关学科的发展方向及国家的发展战略；

自主学习，更新知识，制定和调整自身的发展方向和目标，提高个人和集体的工作效率。

2.2 应用知识能力

综合运用所学理论、技术方法和手段，学会发现问题、分析问题并解决问题。包括：

从实践中发现问题、了解问题；

定义问题的相关因素，进行定性分析，并提炼问题；

建立模型，采用理论分析、实验等手段进行具体分析；

提出解决方法和建议。

2.3 工程实践能力

掌握解决工程问题的先进技术方法和现代技术手段；

能从事土木工程项目的设计、施工、管理，以及投资与开发、金融与保险等工作。

2.4 开拓创新能力

具有较强的创新意识和进行土木工程项目设计、技术改造与创新的基本能力。

2.5 交流、合作与竞争能力

具有较强的文字表达能力、语言表达能力和交流能力；

具有在学科内、跨学科、多学科领域及跨文化背景进行合作的初步能力；

勇于挑战和接受挑战，具有较强的竞争意识和竞争能力。

2.6 组织协调能力

具有一定的系统思维能力，能权衡不同因素，分清主次；

具有组织、协调和开展土木工程项目的基本能力，在满足预算、安全、质量和其他限制条件的前提下使其按期望目标交付使用；

具有应对危机和突发事件的初步能力。

2.7 国际视野

了解本学科的国际先进技术现状和发展趋势；

具有较高的外语水平、一定的国际视野和跨文化环境下的交流能力。

3. 素养体系标准

具有人文、科学与工程的综合素质。

3.1 人文素养

树立科学的世界观和正确的人生观，愿为国家富强、民族振兴服务；

具有全球视野和为人类进步服务的意识；

具有高尚的道德品质，能体现人文和艺术方面的较高素养；

具有良好的身体素质，能胜任较强体力劳动的挑战；

具有良好的心理素质，能应对危机和挑战；

具有理性的继承和批判精神；

坚定的追求卓越的人生态度。

3.2 科学素养

具有严谨求实的科学精神；

具有面向未来、开拓进取的开创精神；

具有针对工程问题特点的科学思维方式。

3.3 工程素养

具备对个人和集体目标、团队利益负责的职业精神；

能够通过持续不断的学习，找到解决问题的新方法，具有对新技术的推广或对现有技术进行革新的进取精神；

具有在前瞻未来、承担责任、规划前景、坚持原则、灵活处理工作和团队合作时，面对挑战和挫折的乐观主义精神；

坚持原则，具有勇于承担责任、为人诚实、正直的道德准则。

具有良好的市场、质量和安全意识，注重环境保护、生态平衡和可持续发展的社会责任感。

六、人才培养标准实现矩阵范例

（见插页。）

附件 17　江西师范大学本科专业评估指标体系

江西省普通高等学校本科专业综合评价通用指标

一级指标	二级指标	主要观测点（*为重点标记）	指标内涵说明
1.生源情况	1.1招生录取情况	1.1.1*近四年国家统一高考录取的本专业学生入学平均（标准）分数	本专业每名学生高考总分（不包括加分）除以该生所在省高考满分值（文、理分科）后的标准分的平均值
		1.1.2近四年国家统一高考录取的本专业江西省学生第一志愿录取率	该专业第一志愿录取的江西省学生数除以该专业录取江西省学生总数
2.培养模式	2.1培养方案	2.1.1*专业标准、培养方案及各要素匹配程度	专业标准、培养目标、培养方式、培养要求、专业定位、课程设置等要素之间的匹配程度。具体评价标准参照教育部高等学校有关科类教学指导委员会制定的专业类教学质量国家标准
	2.2培养模式改革创新	2.2.1改革创新措施与效果	专业人才培养模式改革创新的具体措施和实施效果
3.教学资源	3.1专业师资基本情况	3.1.1*专业生师比	专业教师指从事专业课（含专业基础课）教学工作的专任教师
		3.1.2博士学位教师比例	专业教师中具有博士学位教师所占比例
		3.1.3高层次教师情况	高层次教师指院士、教育部"长江学者奖励支持计划"人选、国家杰出青年基金获得者、国务院及省级学科评议组成员、973首席科学家、海外高层次人才引进计划（千人计划）、国家高层次人才特殊支持计划、新世纪百千万人才工程国家级人选、教育部新世纪优秀人才支持计划人选、中科院"百人计划"人选、国家及省级教学名师、国务院政府特殊津贴获得者、全国优秀教师、江西省"新世纪百千万人才工程"人选、国家教指委成员、国家有突出贡献的中青年专家、江西省高等学校中青年骨干教师、学科带头人、"赣鄱英才555工程"人才、井冈学者项目
		3.1.4专业主干课教师学科背景符合度	从事本专业主干课教学工作的教师，其本、硕、博学历中毕业于本专业的比例
		3.1.5近四年本专业高级职称教师为本专业本科生授课情况	专业课主要是指理论课，而实践教学环节不计算在内，高级职称教师指具有副高级（含副高级）以上职称的专业教师
		3.1.6具有行业经历专任教师比例	具备下列情形之一者视为具有行业经历：①曾在相关行业工作；②曾与相关行业合作开展过科研项目

本科教学工作规程
江西师范大学教学改革探索和实践

续表

一级指标	二级指标	主要观测点（*为重点标记）	指标内涵说明
3.教学资源	3.1专业师资基本情况	3.1.7中青年教师参加实践教学能力培训比例	中青年教师指45周岁以下（含45周岁）教师；参加实践教学能力培训指接受一周以上相关培训
	3.2专业教师科研情况	3.2.1近四年教师发表学术论文情况（20篇代表论文他引次数总和）	学术论文指以第一署名单位发表的本专业领域内的学术论文；国内学术论文"他引次数"以CNKI（中国知网学术期刊网络总库）、CSSCI与CSCD源期刊并集库（含扩展库）中的"他引次数"为准，自引不能计算在内；国外学术论文以"Web of Science库（含扩展库）"中的"他引次数"为准
		3.2.2近四年教师获得省部级以上科研奖励情况	科研奖励指获得国家自然科学奖、技术发明奖、科技进步奖、教育部高校科研成果奖（科学技术、人文社科）；省政府自然科学奖、技术发明奖、科技进步奖、哲学社科奖（证书带国徽印章）
		3.2.3近四年教师主持科研项目情况	以第一立项单位主持国家级项目（科技部项目、国家自然基金项目、国家社科基金项目）、国防/军队重要科研项目、境外合作科研项目、部委级项目、省级项目（省教育厅科研立项、省科技厅立项、省自然科学基金、省哲学/社科基金）。
	3.3专业教师教研情况	3.3.1近四年教师发表教研论文数量	教研论文是指以第一署名单位发表的与本专业教学研究相关的论文，不包括学术研究有关的论文
		3.3.2近十年教师主持编写本专业教材情况	本专业教师主编的公开出版的本专业教材
		3.3.3近十年教师主持省级以上教研项目情况	省级以上教研项目包括：国家及省教育行政部门教改立项、国家及省教育科学规划课题、中国高教学会立项课题
	3.4实验实践教学	3.4.1现有教学实验仪器设备（含软件）生均值	单价800元以上的设备
		3.4.2近四年新增的教学实验仪器设备（含软件）生均值	近四年新增的单价800元以上设备
		3.4.3近四年校外实习实践基地数量及各基地实习学生人次数与专业在校生总数的比值	校外实习实践基地指近四年有学生实习且签有协议的实习实践基地
		3.4.4*现有教学实验仪器设备利用情况、校外实习实践基地建设质量	教学实验仪器设备利用情况主要依据实验室台账，校外实习实践基地建设质量主要依据基地层次和合作水平
	3.5图书资料	3.5.1现有生均专业纸质图书资料册数	本专业的图书资料（含学校与院、系）是指供本专业教学、科研使用的图书资料
		3.5.2现有专业电子图书资料源的个数	本专业的电子图书资料源（含学校与院、系）是指供本专业教学科研使用的、由资源提供方完成更新的、可全文下载的电子资源，不包括随书的资料光盘

续表

一级指标	二级指标	主要观测点（*为重点标记）	指标内涵说明
4.本科教学工程与教学成果奖	4.1本科教学工程项目	4.1.1历年省级以上本科教学工程项目	省级以上本科教学工程项目包括特色专业、人才培养模式创新实验区、教学团队、精品课程、双语示范课程、综合改革试点专业、卓越人才培养计划、大学生校外实践教育基地、实验教学示范中心、虚拟仿真实验教学中心、精品视频公开课、精品资源共享课、规划教材等
	4.2教学成果奖	4.2.1历年省级以上教学成果奖	该专业教师参与完成的省级以上教学成果奖
5.教学质量保障	5.1质量保障体系	5.1.1*教学质量保障机制，教学质量标准、监测、评价、分析、反馈体系及运行效果	教学质量保障机制，教学质量标准、监测、评价、分析、反馈、改进体系及运行效果。具体评价标准参照教育部高等学校有关科类教学指导委员会制定的专业类教学质量国家标准
6.培养效果	6.1就业情况与培养质量	6.1.1*近四年就业率情况	近四年本专业毕业生年终就业率、灵活就业率
		6.1.2十名优秀校友简介	校友指77级以后的本科生。每人简介500字以内
	6.2在校学生综合素质	6.2.1近四年参加创新创业活动及参与科研项目学生人次数与专业在校生总数的比值	创新创业活动指国家、省、校三级"大学生创新创业训练计划"；科研项目指导学生作为课题组成员参加的各类国家、省部和市级纵向项目，以及学校科技管理部门科研考核统计的横向项目
		6.2.2近四年学生获省级以上各类竞赛奖励情况	该专业学生为获奖人之一
		6.2.3近四年学生发表学术论文及专利受理等情况	该专业学生为发表学术论文第一或第二作者；该专业学生为专利受理限额内成员
		6.2.4五名优秀在校生简介	本专业在校生，每人简介300字以内
7.专业特色		7.1.1*专业特色、实施过程和效果	①在实践中培育和凝练出的专业特色及其效果说明（1000字以内）；②专业办学对接社会需求的举措及效果（1000字以内）；③学生专业学习体验（随机抽取不少于15%本专业三年级学生撰写的500字以内的报告）；④专业毕业生近三届每届前10名的年薪酬

江西师范大学本科专业评估附加指标

一级指标	二级指标	主要观测点（*为重点标记）	指标内涵说明
8.教学运行	8.1教学环境	8.1.1*教学中心地位的落实	贯彻落实教学中心地位和教学神圣理念及教学计划制定、落实与课堂教学调、停课情况
		8.1.2教风、学风建设	教风、学风建设措施与效果
	8.2理论教学	8.2.1教学大纲	专业必修课教学大纲编制与应用
		8.2.2教学内容	教学内容与学科前沿、教学对象和教学目的的匹配程度，教材选用与建设
		8.2.3教学方法与手段	加强课程教学范式改革和推进数字化优质教学资源建设
		8.2.4*教学水平	专业教师课堂教学质量评价和参与校级以上各类教学竞赛获奖（含校"十佳百优"）

续表

一级指标	二级指标	主要观测点（*为重点标记）	指标内涵说明
8.教学运行	8.3实践教学	8.3.1实践教学环节的落实	培养方案中实习、实训、实验等环节的计划、总结或台帐
		8.3.2教师指导学生参与实践	专业教师对学生参与课外科技、社会实践和生产劳动等第二课堂活动的指导
		8.3.3学生第二课堂学分获得	学生第二课堂学分获得及组成
		8.3.4学生德育养成	学生德育养成
9.教学管理	9.1教学管理队伍	9.1.1教学管理组织结构	教学管理组织机构设置与教学秘书、专业、教研室、课程等教学管理人员配备
		9.1.2教学管理人员素质	教学管理人员从事教学管理、服务和教学研究情况
	9.2教学管理文档	9.2.1*教学管理制度、文档建设与质量	教学管理制度建设和教学文档（含试卷、毕业设计等）质量

说明：①江西师范大学本科专业评估指标体系一级指标9个，二级指标19个，主要观测点46个（其中，重点观测点10个），各主要观测点按A、B、C三个等级计分。②生师比A级标准为：文管，19；理学，18；工学、外语，17；体育，15；美术，14；音乐，11。其他主要观测点B级标准由学校参考有关学科专业标准结合学校实际实时提供评委参考。③评估结论标准。五星级专业：主要观测点A≥38，重点观测点A>7,C=0（其中7.1.1观测点必须是A）。四星级专业：主要观测点A+B≥40，重点观测点A>5,C=0（其中7.1.1观测点必须是A）。合格专业：主要观测点A+B≥30。

附件 18 江西师范大学课程大纲格式规范

课程大纲由学校统一组织编制，主要以计算机网页形式通过学校教学管理信息系统（"教务在线"）呈现。

各学院可依照本规范原则按先通识类课程、后专业类课程、再职业教育类课程，类内依学科分类为序编排成册，编制内容规范如下。

课程大纲编号。填写学校统一编制的课程大纲目录编号。

课程名称。填写学校统一编制的课程名称标识。

课程管理单位。填写学校分配的教学单位全称。

课程领衔教师。填写课程领衔教师的教号、姓名。

内容简介。对课程教学内容的简单介绍，篇幅控制在 200 字以内。

适用对象。指明课程主要面向哪些专业、年级或类型的学生开设。

课程目标。阐述课程在培养方案中的定位，结合专业培养标准大纲，主要就课程教学目标按知识、能力、素养三个维度给出一个具体明确的描述，篇幅要求控制在 400 字以内。

教学要求。明确课程教学实施的手段与方法，以及学生修习的具体要求和建议，篇幅要求控制在 200 字以内。

先修课程。根据教学规律，对有明显先修后续关系的课程，应给出其先修课程的课程编号（选课系统目前只要求给出其一门上位课程编号）因为在学生选课时，选课系统将依据此先修课程编号判断学生是否已修习该课程的先修课程，若未修则不允许其选修该课程。篇幅要求控制在 100 字以内。

考核方式说明。描述课程考核方面需要向学生说明的各类要求和形式、方法、要点、要领及注意事项等。篇幅要求控制在 100 字以内。

课程教学历史。简述课程设立背景及教学历史状况。篇幅要求控制在 100 字以内。

课程教改情况。主要阐述课程在本校开设以来的教学改革情况，并说明课程的当前教学改革状况或教改展望。篇幅要求控制在 100 字以内。

参考书目。与该课程学习紧密相关的一些参考书目。篇幅要求控制在 100 字以内。

课程资源超链接。与课程相关的网络资源，如精品课程网站、网上课堂、讨论区、博客等网络地址。篇幅要求控制在 100 字以内。

　　课程内容纲要的章、节、点标题及要点、要求、课时、重点、难点及内容等。为便于学生概览课程内容，具体了解学习对象，有必要按目录形式规范地具体表达教学内容与教学要求，学生将主要通过该部分字段呈现的信息组织预习、复习，所以它是课程大纲的重要组成部分。字段内容与字段名含义基本一致，需要说明的有二：一是"要求"均指相应章、节、点的学习要求；二是"课时"只要求给出每章计划分配的学习课时。

　　教学进度表等图表附件。为便于阅读理解，教学管理信息系统允许上传一个以 PDF 格式保存的小型图表文件。

附件 19 江西师范大学课程建设评估指标体系

一级指标	二级指标	指标内涵	评估标准				评估等级				自评	专家评分
			A	B	C	D	A	B	C	D		
1. 师资队伍(30分)	1.1 师德师风(5分)	教师为人师表，严谨治学，教书育人	教风很好，教学质量饱满，受到师生一致好评	教风较好，教学工作量基本完成	教师能遵守学校教学管理规定，基本上能完成教学任务	教师不能很好地完成教学任务	5	4	3	2		
	1.2 教师数量(10分)	是否有课程负责人，是否形成队伍，符合岗位资格的教师比率	有课程负责人，有3名(含3名)以上在编专任主讲教师，符合岗位资格的教师比例达到100%	有课程负责人，有2名在编专任主讲教师，符合岗位资格的教师比例达到100%	仅有1名在编专任主讲教师，符合岗位资格的教师比例达到100%	没有在编专任主讲教师，仅有兼职教师，符合岗位资格的教师比例达到100%	10	8	6	4		
	1.3 结构(10分)	职称结构是否合理	主讲教师中有正高及其他职称	主讲教师中有副高及其他职称	主讲教师中有中、初级职称或只有中级职称	主讲教师只有初级职称	3	2.5	2	1		
		学历结构是否合理，有无高学历教师	主讲教师中有博士学历	主讲教师中有硕士学历占60%以上	主讲教师都具有本科以上学历	主讲教师中有专科学历	4	3	2	1		
		年龄结构是否形成梯队	中年多、老年、青年少	中老年持平或只有中年	有中年，但不形成合理梯队	只有老年或青年	3	2.5	2	1		

续表

一级指标	二级指标	指标内涵	评估标准 A	B	C	D	评估等级 A	B	C	D	自评	专家评分
1.师资队伍(30分)	1.4学术水平(5分)	课程组出版专、编、译著，发表论文及承担课题的数量、级别（与本课程有关）	近三年内出版学术专著或编著、译著1部（第一主编或第一译者）以上，人均发表论文理文科4篇，文科6篇以上，课程负责人承担一项省级以上科研项目	近三年内人均发表论文理文科4篇以上，论文理科6篇以上、文科3篇以上、课程负责人承担一项校级科研课题	近三年内，人均发表论文理文科2篇，文科3篇以上，课程负责人承担校级科研课题	不足C级	5	4	3	2		
2.教学条件(40分)	2.1教学文件(10分)	课程大纲、实验大纲、教学总结、学生平时学习成绩及成绩记录等文件是否齐备、规范	文件齐备、规范、质量好	基本齐备，质量较好	文件大项齐备，但各年限不齐，质量一般	文件缺项较多，质量差	10	7	5	2		
	2.2.1教材(10分)	采用教材的级别、水平	及时选用国家级优秀教材或教育部首部推荐教材	选用省级优秀教材或经同行专家评鉴质量较高的教材	选用自编或联编教材且未经专家评鉴质量一般	一般教材，质量较差或编版本、内容陈旧	10	7	4	2		
	2.2.2教参资料(4分)	教学参考资料种类、数量、配套程度（习题集、指导书等）；资料的先进性	种类、数量满足教学需要，内容及版本较新，配套程度高	能较好满足教学需要，内容及数量、种类较多	种类、数量参考少，部分教参内容应陈旧，勉强满足教学需要	种类、数量较少，且内容版本较陈旧，明显不能满足教学需要	4	3	2	1		
	2.3教学设备(6分)	现代化教学设备（挂图、模型、课件、音响、乐器、多媒体、微机等）满足教学需要的程度	设备齐全、满足教学需要	所需设备大多配备，可较好满足教学需要	仅有部分设备性应付教学需要	没有或教学设备很少，明显不能满足教学需要	6	5	4	2		

一级指标	二级指标	指标内涵	评估标准				评估等级				自评	专家评分
			A	B	C	D	A	B	C	D		
2. 教学条件(40分)	2.4 实验设备(10分)	实验设备(体育设施) 实验教学(体育教学)所(场地)及仪器设备满足教学需要的程度	实验室(体育场地)面积满足教学需要,设备成套数要,单人操作率率高	实验设备可满足教学大纲要求的绝大部分	实验设备能基本满足	实验设备明显不能满足需要	5	4	3	2		
		设备使用效益 课程大纲规定的实验开出率、设备利用率、设备完好率	实验开出率100%,实验室及实验设备利用率高,设备完好率在90%以上	实验开出率达95%,设备完好率达85%	实验开出率90%以上,设备完好率80%	实验开出率低,完好率达不到C级要求	5	4	3	1		
	3.1 教学水平(12分)	高职教师上课率 高级职称教师担任主讲教师比例	具有高级职称教师上课的比例50%以上	具有高级职称的上课的比例20%~50%	具有高级职称教师上课的比例在20%以下	没有高级职称教师上课	2	1.5	1	0.5		
		教学质量 教学准备是否充分,教学内容是否更新,课程教学质量评价结果	主讲教师有详细反映学科最新成果、体系、内容及时更新,教学评价优秀	主讲教师有较详细的教案,注意补充新成果,教学评价良好	主讲教师有完整的教案,但缺少新成果的反映,教学评价一般	主讲教师教案不全,内容陈旧,教学评价差	8	6	4	2		
3. 教学效果(30分)		教研活动 是否有活动计划、总结,活动开展效果	每学期有教研活动计划、总结,开展教学研究、教学观摩活动,效果好	每学期有教研活动计划、总结,教学研究、教学观摩活动,效果一般	不定期组织一些教学研究和教学观摩活动,设有计划、总结	基本没有组织教学研究和教学观摩研究活动	2	1.5	1	0.5		

续表

一级指标	二级指标	指标内容	评估标准				评估等级				自评	专家评分
			A	B	C	D	A	B	C	D		
3. 教学效果(30分)	3.2 教学方法(6分)	授课方法的改革和运用情况	不断改进教学方法，能创造性地运用多种教学方法启发学生独立思考，激发学生学习积极性，讲究教学艺术	注意改进教学方法，能综合运用两种以上方法，完成教学任务好	沿用传统的教学方法，但能较好地加以运用，较好地完成教学任务	方法落后，运用效果欠佳	2	1.5	1	0.5		
		多媒体授课及课件情况	运用多媒体授课，有自行研制开发的多媒体课件，教学效果好	大部分运用多媒体授课，多媒体教学技术有一定使用面	很少使用多媒体授课	没有	2	1.5	1	0.5		
		双语教学(外语课除外)课达到该课时的比率	≥80	≥50	偶尔使用外语授课	不能使用外语授课	2	1.5	1	0.5		
	3.3 布置作业批改与课外辅导(3分)	作业的布置数量及批改情况、课外辅导情况	主讲教师能根据教学要求布置足够数量的课外练习或思考题，并及时认真批改，严格检查；能定期地开展课外辅导答疑	主讲教师能根据教学要求，布置较适量的课外习题或思考题，检查批改简单，不定期开展课外辅导答疑	主教师能根据教学要求，布置一些课外练习或思考题，检查批改不力，很少开展课外辅导答疑	主讲教师很少或不布置课外作业或思考题，或布置了，但不批改，不检查，也不开展课外辅导答疑	3	2	1.5	1		
	3.4 考核与题库建设(7分)	考试方法的种类、题库建设与命题情况	采用闭卷、开卷、口试、操作考试等，多种方法考试。有10套以上试卷库或试题库	有一套比较系统的考试方法、命题深度、广度符合大纲要求，并已完成自编试题库或试卷库建设	有两种以上考试方法、命题深度、广度基本符合大纲要求，没有题库建设	考试方法单一、命题深度、广度不够、题型单一	5	4	3	1		

续表

一级指标	二级指标	指标内涵	评估标准				评估等级				自评	专家评分
			A	B	C	D	A	B	C	D		
3. 教学效果(30分)	3.4 考核(7分)	考试成绩的评定是否严格,分布分类是否合理,有无质量分析	试卷评分严格、规范,有完整的平时成绩记录,期末总评成绩符合正态分布,每期有质量分析	评分严格、规范,评定的平时成绩记录,期末总评成绩分布合理,大部分有质量分析	评分基本符合要求,有平时成绩,期末总评成绩基本分布合理,有少量分析	评分有差错或没有平时成绩,期末总评成绩分布不合理	2	1.5	1	0.5		
	3.5 教学检查与管理(2分)	备课、试讲、预讲、听课、评课、大纲与进度执行,考核等各项检查与管理制度的建立与实施情况	有系统、完善的教学检查和管理制度,管理严格、认真,无教学事故	有各项管理制度,实施情况较严格,无教学事故	有部分制度,但实施情况一般,基本无教学事故	基本没有制度,管理松散或出现教学事故	2	1.5	1	0.5		
附加项10分(特色项目)		超出规定评价项目的特色项目,如有关的科研课题、教学研究课题或重大的发明获奖情况	获国家级一、二、三等奖	获省级一、二、三等奖	获校级一、二、三等奖		10	6	3			
课程等级标准	非实验课程	A级	B级	C级	D级	说明:①符合岗位资格是指应具有硕士或讲师职务;取得合格证。②实验应通过岗前培训。③实验室开放时数与实验课规定开出数的比率。④设备利用率指开出题目与大纲规定开出数的比率。⑤设备完好率指完好仪器数与仪器台数的比率						

附件20 江西师范大学教材质量评价指标体系

纸质教材质量评价指标

指标及分值		指标内涵
内容质量（80分）	思想水平（25分）	思想性：思想观点正确，符合辩证唯物主义，弘扬民族文化精华，无政治性和政策性错误 逻辑性：层次分明、结构严谨，教材体系能反映内容的内在联系及本专业特有的思维方法
	科学水平（25分）	先进性：能反映本学科国内外科学研究和教学研究的先进成果 系统性：能完整地表达本课程应包含的知识，反映其相互联系及发展规律，条理清楚 理论性：能正确地阐述本学科的科学理论和概念，注意理论联系实际
	教学水平（25分）	教学适应性：符合人才培养目标及本课程教学的要求，取材合适，深度适宜，分量恰当 认识规律性：符合认知规律，富有启发性，便于学习，有利于激发学生学习兴趣及各种能力的培养 结构完整性：绪论、正文、习题、思考题、索引、参考文献齐全
	文图水平（5分）	语言文字：文字规范、简练，符合语法规则，语言流畅、通俗易懂、叙述生动 图表：图文配合恰当，图表清晰、准确，符号、计量单位符合国家标准
印制质量（15分）	编校水平（10分）	封面设计：封面、扉页、封底适合本书内容，构思合理、格调健康、风格鲜明、文字准确、色彩和谐 版式设计：规范、统一，字号、字型、序号的使用合理 校对水平：无明显差错
	印装水平（5分）	印刷水平：纸质厚薄适中，色版墨色均匀，墨色均匀一致，图版网点清楚、层次分明 装订水平：无缺页、白页、脏页，无顶头、倒头，装订平整，压膜坚实，裁切不歪不斜、不皱不裂
定价情况（5分）		价格合理
附加分（10分）		有特色与创新、受益面广

电子教材质量评价指标

指标及分值		指标内涵
教学指标 （40分）	教学水平内容（15分）	教学适应性：符合本学科或课程教学要求，教学目标明确，取材合适，深度适宜，分量适度 认识规律性：符合学生认知规律，逻辑性强，富有启发性，便于学生学习，有利于学生能力培养 结构合理性：教学内容组织及其结构合理，学习路径明确，知识关联清晰 生动趣味性：表述知识生动趣味，能引起和保持学习者的学习兴趣和注意力
	科学思想水平（15分）	科学先进性：能反映本学科国内外科学研究和教学研究的先进成果 思想正确性：符合辩证唯物主义，弘扬民族文化精华，无政治性和政策性错误
	交互反馈水平（5分）	教学交互性：人机交互性强，学习进度可控，学习路径可选，交互参数可设 评价反馈性：习题和思考题质量高，题型适当，设计水平高，操作简便，具有较好的学习评价和反馈
	媒体规范水平（5分）	文字与图表：文字表达规范，字体、字号和色彩适合阅读，图表清晰准确，符号、公式和计量符合国标 音视频素材：讲解、配音和对白的教学水平高，标准普通话播音，视频的制作符合电教片规范
软件指标 （30分）	软件运行水平（15分）	软件运行：软件安装方便，运行正常、可靠性高、兼容性强，退出或中断后恢复原系统状态 软件性能：各功能正确无误，划分明确合理，响应速度快 软件容错性：软件对错误输入和错误操作的容忍性强
	软件操作水平（5分）	用户指导：附有用户手册，内容完备，表述简明，便于使用 操作使用性：操作界面友好，步骤明确，使用简便
	辅助功能水平（10分）	求助与管理：求助功能强，具有一定的管理功能 性价比：教学软件的教学性价比高 开放扩展性：具有较好的内容调整、组合、更新和补充等开放性和可扩展性功能
媒体指标 （30分）	媒体质量水平（15分）	界面设计：界面设计简明、布局合理、色彩协调、美观大方、重点突出 素材质量：音效质量高，图片录像清晰，动画生动准确，技术指标高
	整体设计水平（10分）	媒体选择：根据教学内容优选图、文、声、像等媒体类型 媒体优势：解决教学重点和难点的水平高 教学设计：多媒体教学设计水平高
	智能化水平（5分）	检索书签功能：检索、学习记录和书签功能较强 智能性：具有较好的人工智能性和专家系统性 媒体辅助功能：具有多种媒体的学习提示、交叉参考、导航和定位等辅助功能
附加分（10分）		有特色与创新，可显著提高教学效率，受益面广

附件 21　江西师范大学试卷质量标准

为提高教学管理水平，规范课程考试的试卷命制、评阅和归档等工作，特制定本标准。

一、试卷命制

（一）试卷格式

1）试卷应包括试题、参考答案及评分标准两部分。除特别原因，答题纸应统一格式，由学校统一提供。

2）所有试卷均采用 B5 纸排版（详见试卷模板部分），B4 纸打印，试卷上不留答题空间，试题、参考答案及评分标准的页边距上下左右均为 2 厘米，答题纸的页边距上下左右分别为 2 厘米、2 厘米、4 厘米、1.5 厘米。

3）所有试卷在页面下方居中添加页码，格式为：第 × 页，共 × 页。试题、答题纸、评分标准的页码分别计算。

4）试卷卷首部分居中以小二号黑体加粗印刷"江西师范大学试卷"；其他有关考试的学期、课程名称、考试对象等内容则统一使用宋体四号字加粗。

5）试卷的特殊说明，如：允许使用计算器、允许查阅工具书、开卷考试等需特殊标注的内容，每生所需草稿纸数量等请填写在其他要求栏内。

6）试题中所有内容均以单倍行距打印。大题标题为宋体小四号字加粗，答题说明及分值等内容用宋体小四号字；试题内容一律以宋体小四号字打印（英文 Times New Roman 字体，12 磅字号）。特别难以打印的图形、公式允许手工绘制。

7）答题纸左边设置密封线，密封线左侧竖排预留考生信息栏，供考生填写专业、班级、学号、姓名等内容。

8）试题、参考答案与评分标准均不再设密封线、考生信息栏和得分栏。

9）参考答案与评分标准第三行以五号楷体居中打印"命题教师：×××"字样。

（二）题型与分值控制

1. 试题类型

试题类型分主观性试题和客观性试题两类。客观性试题的题型主要包括单项选择题、多项选择题、不定项选择题、判断题；主观性试题的题型主要包括填空题、名词解释、简答题、论述题、写作题、翻译题、计算题、作图题、综合分析题（包括案例分析题）等。各院（部）可根据本学科专业特点自行规定题目类型。

2．题型分值控制

1）一份试卷的大题数原则上不少于 5 题、不超过 12 题。同一个大题的分值一般不超过 30 分。

2）单项选择题、多项选择题、不定项选择题、判断题每一小题的分值一般以 1~2 分为宜，最多不超过 3 分，一份试卷中上述三种题型的总分值一般不超过 50 分。

3）填空题每空以 1~2 分为宜，最多不超过 3 分。

4）每一名词解释的分值一般不低于 3 分，不高于 5 分。

5）每一简答题的分值一般不低于 4 分，不高于 10 分。

6）每一计算题的分值一般不低于 5 分，不高于 20 分。

7）每一论述题、写作题、综合分析题（包括案例分析题）的分值一般不低于 10 分，不高于 25 分。

3．试卷中各类题型应按照以下次序排列

1）单项选择题、多项选择题、判断题、填空题四种题型排在前面。

2）名词解释题、简答题、计算题、作图题、翻译题等题型排在其次。

3）写作题、论述题、综合分析题排在最后。

（三）参考答案与评分标准

试卷中所有题目均应制定详细的参考答案与评分标准。参考答案与评分标准措辞应规范、严谨，表述准确，无歧义。

评分标准应每大题一个，写明本大题内各小题分数，并明确何种情况给分，何种情况不给分，何种情况给部分分数。其中：

1）多项选择题、不定项选择题评分标准中需特别说明少选了选项的小题如何记分。

2）填空题评分标准中需特别说明是否要求与参考答案严格一致，与参考答案意义相同或相近但表述方式不同的如何记分。

3）名词解释、简答题、论述题、计算题、作图题、翻译题、综合分析题（包括案例分析题）等主观题给出每一试题参考答案的解题主要步骤或知识点，根据各个解题步骤或知识点进行分值分配，并按每一得分点逐个列示，以便于阅卷评分。

4）写作题不必给出范文，但应制订出各类作文的分类标准，并规定相应的分值范围。

试题及参考答案与评分标准必须按保密程序及时移交。

（四）试卷命制的其他要求

外语试卷的卷首、考生信息栏和得分栏，一律使用中文。

二、试卷评阅与成绩提交

（一）试卷评阅基本原则

1）考试后，各课程管理单位负责及时领走试卷，在将答题纸交付任课教师评阅前，必须确保装订密封完好。评阅结束前，任何人不得拆启密封答题纸的密封条。

2）试卷评阅工作应尽可能采取集体评阅形式，有条件的应采取流水阅卷，即同一课程采用流水作业、集体评阅（每人只评判试卷中的一部分题目）。

3）参加阅卷评分的教师在正式评卷前应进行试评，务求每个阅卷教师能够恰当、熟练地掌握评分标准。

4）评阅试卷一般应严格执行参考答案和评分标准，不得随意提高或降低标准。个别试卷经试评后，确需调整评分标准的，必须经教研室集体讨论并报院长审批、教务处备案。

5）评阅试卷必须对每一位考生负责，记分、统分必须严谨、认真，杜绝得分登录出错或加减计算出错。

（二）试卷评阅质量要求

1）评阅一律用红墨水钢笔或红芯圆珠笔记分，不得用其他笔进行评卷。

2）评卷要作标记：对正确的答案记"√"，在答案全错处记"×"，在答案部分错误的下面划"_____"，对未答题记零分。

3）评卷时用阿拉伯数字记分，记分要准确、工整。大题得分栏和卷首得分栏都必须记载得分。评卷过程中各题只记载得分，在得分前不记"＋"或"－"。

4）各大题的得分必须汇总到题首并登记在卷首的得分栏内。

5）当整本试卷册的全部答卷的评分教师不变时，只需在试卷封面的"评分人"栏内签全名即可。但是，当同一本试卷册各份试卷的阅卷教师有改变时，在试卷封面的"评分人"栏内须签上所有阅卷教师姓名。

6）计算分数时，如果各大题和小题的得分有小数时，保留 1 位小数，合计全卷总分时作四舍五入处理，只保留整数。

7）总分或大题得分更改，必须由更改人签字负责。

8）试卷封面的复核人负责复核下列各项内容：①复核每份答卷的各大题得分等于相应小题得分之和；②复核每份答卷的总分等于各大题得分之和；③复核试卷上得分更改处必须有更改人签字；④复核试卷总分、试卷分析表、学生成绩表中考试成绩三者相吻合。

（三）成绩提交工作要求

1）试卷评阅完毕后，任课教师应及时通过登录"教务在线"提交学生成绩。课程所在学院（部）应指定专人负责课程成绩的录入并组织交叉校对工作，确保学生成绩录入的准确、完整。

2）没有平时成绩或实验成绩的科目，在教务系统中可以只填写"总成绩"一栏。有平时成绩或（和）实验成绩的科目，应填写"平时成绩"或（和）"实验成绩""期末成绩"和"总成绩"栏（平时成绩应在期末考试开始前一天完成提交）。

3）除有特殊要求的课程之外，所有课程原则期末成绩均以百分制记，"教务在线"按公式"总成绩＝平时成绩×（平时成绩占比）％＋实验成绩×（实验成绩占比）％＋期末成绩×（期末成绩占比）％"计算学生总成绩。各项比例由课程所属教研室确定，在成绩提交时通过系统选择执行。

4）补（缓）考成绩由各系教学秘书负责统一登记。补考成绩计算时不计算平时成绩。

5）阅卷和成绩提交一般应在考试结束后三天内完成。

6）完成成绩提交后，应及时打印纸质成绩登记表并经任课教师确认签名。成绩登记表一式两份（含平时成绩、考试成绩、总评成绩）须经课程所在学院（部）分管教学的副院长（副主任）审核后交学院教学秘书（干事）处，一份由教学秘书（干事）收齐后交教务处存档，一份交课程所辖单位存档。

7）成绩一经提交，任何人不得更改。如因特殊情况确需更改成绩，须通过主讲教师书面说明更改原因及更改前后的成绩，经院长签字同意，再经教务处审批后方可办理有关成绩更正手续。

三、试卷分析

（一）试卷分析工作要求

1）任课教师在完成试卷评阅和网上提交成绩后，应及时通过"教务在线"网上试卷分析系统对所任课程学生总体成绩及考试情况进行系统分析，最终形成统一的试卷分析报告。打印后交教学秘书归档。

2）任课教师上交试卷和试卷分析报告后，各学院（部）应定期组织教师对各考试科目的试卷进行综合评价，对命题的质量（试卷的覆盖面、题型、题量等）和阅卷质量进行总体分析和评估。

3）每学期初教务处将组织专家对各学院（部）或专业随机抽取的上学期部分试卷进行综合评估，评估结果向全校通报，并作为常态监控核心数据纳入学院（部）或专业的绩效考核。

（二）试卷分析质量要求

1）进行期末试卷分析时，应尽量多采样，一是选择的学生数不能过少，二是录入的小题数目要足量，否则系统很难得到试卷正确的信度、区分度和难度系数。（随堂考核试卷分析无需通过"教务在线"系统作定量分析，但任课教师应就考试效度、难度、区分度作定性分析）。

2）考试成绩分布合理，基本呈正态分布规律，不及格率、优秀率原则上须在1/5以内。若成绩分布不符合正态分布，优秀率或不及格率偏高，任课教师应对此进行分析和总结，提交说明及改进措施。

3）试卷分析报告格式（详见试卷分析模板部分）

四、试卷归档

（一）试卷归档基本原则

1）凡课程考核记录均应整理存档。建立试卷档案。

2）试卷档案由课程管理单位指定专人负责归档、保存。试卷的保存年限为学生毕业离校后十年。保管期结束后，各院（部）可自行销毁试卷档案。销毁档案时，应在归档登记表备注栏内加注"××年××月×日销毁"字样。

3）试卷归档工作一般安排在下学期初完成。

4）归档后试卷存放应规范（按学期、专业或课程），方便查找，并确保安全。

（二）试卷归档质量要求

1）试卷归档时，要使用学校统一格式的试卷封面按学号顺序装订成册，并按试卷封面要求填写清楚应填栏目。答题卷份数应与实际考试人数完全相符，不得缺漏。

2）期末考试试卷原则上每班每科目考试试卷封装为一册。如试卷过厚，可以封装为两册，但试卷封面上应以清晰字迹标明"2-1"和"2-2"字样，专业选修课如每班选修人数较少，也可多个班合并封装为一册。补（缓）考试卷可不分班级，每科目封装为一册。如补考学生数量较少，也可同一个年级的数个科目封装为一册。

3）试卷档案归档时应建立试卷档案目录，档案保管人应在档案袋背面以明显字迹标注档案流水号、试卷档案编号和课程名称。

4）期末考试试卷、补（缓）考试卷及随堂考试的试卷装订应按如下顺序并包括以下材料：①封面（教务处统一印制）；②答题卷封面；③江西师范大学学生成绩登记表（统一用B5纸打印）；④试卷分析表；⑤参考答案及评分标准；⑥空白试题卷（两份，随堂考试自制）；⑦答题纸（按照学号顺序由小到大排列）。

5）对于因学科、专业或课程的特殊要求而未设计答题纸，学生在试题上直接作答的试卷，封装时不再装入试题样卷，而将学生答卷直接排在档案的最后部分。

五、试卷模板

江 西 师 范 大 学 试 卷

年级：___ 专业（学科）：_____ ____－___学年第__学期
课程号：___ 课程名称：_____ A卷 B卷
考试形式：开卷 闭卷 其他要求：___

（本试卷满分100分，考试时间×××分钟）

字体：宋体；字号：四号加粗。

试卷制作要求与说明

1. 请出卷教师保存此试卷模板（保存整个Word文档），纸张大小为B4。
2. 请在规定的地方填写好课程名称及年级、专业；注明A卷/B卷及本课程考试形式：
   开卷／闭卷（在对应方框内打钩）。
3. 请把试题内容填写或粘贴到本编辑框中，请勿调整试卷边框大小。
4. 试题内容统一格式，字体、字号如下所示

一、单项选择题（每小题2分，共20分）
1. 根据产品生命周期曲线的变化规律，产品在那个阶段销售量迅速增加？
   A. 导入期　　B. 成长期　　C. 成熟期　　D. 衰退期

字体：宋体；字号：小四加粗　字体：宋体；字号：小四

说明：1. 试题间不留答题空间，不得超出边框；
　　　2. 学生作答时，所有答案均按题号顺序写在答题纸上；

第1页 共4页

命题人（签字）：___ 试做人（签字）：___ 学院市核（签字）：___
第2页 共4页

说明：1. 试题间不留答题空间，不得超出边框；
　　　2. 学生作答时，所有答案均按题号顺序写在答题纸上；

第3页 共4页

命题人（签字）：___ 试做人（签字）：___ 学院市核（签字）：___
第4页 共4页

六、试卷分析模板

江西师范大学试卷分析

考试课程	基础		任课老师		考试时间	15～16周，第2学期	
考试班级	2015 经济学		考试方式	闭卷	应考人数（人）	42	
实考人数（人）	42		缺考人数（人）	0	违纪人数（人）	0	
成绩（分）	90~100	80~89	70~79	60~69	不及格	平均分	最高分	最低分
人数（人）	5	16	11	6	4	76.64 286	96	41
百分比（%）	11.9	38.10	26.19	14.29	9.52			

成绩分布图

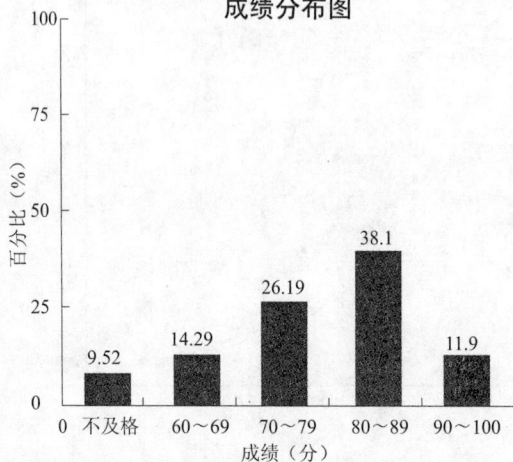

总体分析：
标准差：11.84 209
阿尔法信度 α=0.6 075 077
分半矫正信度 R=0.899 891

试题分析	题号	分值	平均分	标准差	难度	区分度
	1	15	10.09 524	2.602 152	0.6 193 182	0.875
	2	12	8.547 619	2.050 608	0.6 767 676	0.5 656 565
	3	13	9.761 905	1.664 691	0.6 212 121	0.7 272 727
	4	12	7.714 286	2.189 618	0.6 306 818	0.6 931 818
	5	48	40.52 381	6.041 475	0.8 587 663	0.5 097 402
存在问题与改进意见	通过试卷分析，发现学生实务题做的较好，说明对掌握较好，但理论题答题不够好，名词解释及填空题没背到的理论题一点也回答不了，说明没有很好的理解理论知识。我们将争取在有条件的情况下开课前组织学生到企业单位实践调查，课堂教学将多增加模拟实训及案例讲解，使学生能更好的形成感性认识从而帮助理解难度较大的理论知识					

七、其他

（一）本标准适用范围

所有以试卷形式进行考核的课程均应执行本标准。以实验、口试、论文、技能测试等形式进行考核的课程，其试题命制、评分标准的确定、评分登分、考试分析、整理归档等环节参照执行本标准。部分确实无法以纸质形式进行存档的材料可以省略，如以实验或口试形式进行考核的课程不要求有答题纸。

（二）其他

本标准所规定的各项规范，如确有与学科、专业或课程要求不相符的，各院（部）可自行制定实施细则，报教务处备案后实施。

附件 22　江西师范大学本科生德育答辩手册

江西师范大学
JIANGXI NORMAL UNIVERSITY

本科生德育答辩手册

学　号_____

姓　名_____

班　级_____

学　院_____

江西师范大学教务处制

年　　月　　日

江西师范大学本科生德育答辩第（ ）学年评议表

学号		姓名		班级	
学生自我小结（可另附页）	爱国荣校 服务人民				
	团结友爱 诚实守信				
	整洁有序 节制有度				
	勤奋好学 自信自强				
	正直勇敢 积极进取				
	崇真向善 追求卓越				
	学生签名：			年　月　日	
评议组 评语	评议组长签名： 辅导员（班主任）签名：			年　月　日	
评分 （百分制）		成绩评定 （优、良、中、合格、不合格）			

江西师范大学本科生德育答辩第（ ）学年评议表

学号		姓名		班级	
学生自我小结（可另附页）	爱国荣校 服务人民				
	团结友爱 诚实守信				
	整洁有序 节制有度				
	勤奋好学 自信自强				
	正直勇敢 积极进取				
	崇真向善 追求卓越				
	学生签名：　　　　　　　　　　　　　　　　　　年　　月　　日				
评议组 评语	评议组长签名： 辅导员（班主任）签名： 　　　　　　　　　　　　　　　　　　　　　　年　　月　　日				
评分 （百分制）		成绩评定 （优、良、中、合格、不合格）			

江西师范大学本科生德育答辩第（　）学年评议表

学号		姓名		班级	
学生自我小结（可另附页）	爱国荣校 服务人民				
	团结友爱 诚实守信				
	整洁有序 节制有度				
	勤奋好学 自信自强				
	正直勇敢 积极进取				
	崇真向善 追求卓越				
	学生签名：　　　　　　　　　　　　　　　　年　　月　　日				
评议组 评语	评议组长签名： 辅导员（班主任）签名： 　　　　　　　　　　　　　　　　　　　　　年　　月　　日				
评分 （百分制）		成绩评定 （优、良、中、合格、不合格）			

江西师范大学本科生德育答辩第（ ）学年评议表

学号		姓名		班级	
学生自我小结（可另附页）	爱国荣校 服务人民				
	团结友爱 诚实守信				
	整洁有序 节制有度				
	勤奋好学 自信自强				
	正直勇敢 积极进取				
	崇真向善 追求卓越				
	学生签名：			年　月　日	
评议组评语					
	评议组长签名：辅导员（班主任）签名：			年　月　日	
评分（百分制）		成绩评定（优、良、中、合格、不合格）			

江西师范大学本科生德育答辩毕业总结表

学号		姓名		班级	
总结题目					
毕业总结（可另附页）					

江西师范大学本科生德育答辩鉴定表

学号		姓名		班级	
德育答辩记录 （可另附页）					
记录人签名：				年　　月　　日	

评分	权项	得分 （满分100分）	权重 （各项平均）	加权评分
	第一学年评分			
	第二学年评分			
	第三学年评分			
	第四学年评分（五年制填写）			
	现场答辩评分			
	总分（100分）			
	答辩工作小组成员签名		年　　月　　日	
德育成绩 评定	德育成绩等级 （优、良、中、合格、不合格）			
	学院答辩工作 小组组长签名：		（学院公章） 年　　月　　日	